JN174056

人口減少時代を生き抜く中小企業

日本政策金融公庫総合研究所 編

はしがき

人口減少時代への対応は、わが国が取り組むべき喫緊の課題といえる。人口の減少はわが国の労働力や社会保障制度など、さまざまな方面へ影響をもたらすが、中小企業が最も懸念すべきは、国内需要の減少であろう。中小企業が生き残るためには、従来の分野・商圏に固執せず、より魅力ある市場を開拓していくことが求められる。

その際に必要となるのは、魅力ある新市場を開拓するための方法論である。将来性が見込まれる市場ほど他社との競合は激しくなる。既存の経営資源を勘案しつつ、市場の将来性と他社との差別化が両立する分野を見いだし、効果的にアプローチするためには、事前にいくつかの着眼点を知っておく必要があるだろう。

本書の目的は、新市場の開拓に成功した中小企業の事例をもとに、人口減少時代においても将来性が見込まれる分野とその進出までの過程を整理することで、中小企業の皆さまに人口減少時代を生き抜くためのヒントを提供することにある。

本書は、総論と事例編という二つのパートから構成される。総論では、わが国の人口減少の状況と、もたらす変化について概説したうえで、人口減少時代を生き抜くために求められる新市場開拓のポイントをまとめた。ここでは市場を新たに開拓するための考え方として、マーケティングの重要性を強調している。そしてターゲット市場の選択、マーケティングミックスという基本的な枠組みに沿って、企業の取り組みを整理した。こうすることで、経営者がマーケティングという手法をより身近に感じていただけるように配慮している。

事例編では、魅力ある市場へ進出し、事業領域を拡大した中小企業十五社の成功までの過程をインタビュー形式でまとめている。事例企業はいずれも需要の減少に直面し、打開策を講じる必要に迫られた経験をもつ。だが成長分野への進出、商圏の拡大、未開拓市場への進出など、目指した方向はさまざまである。ここではマーケティングの枠組みだけではとらえきれなかった各社の取り組みについても余すことなく記述しているため、総論とはまた違った新市場開拓のヒントが見つけられるはずである。そうした意味で、総論と事例編は互いを補完する役割を担っている。

なお、インタビューと執筆は日本政策金融公庫総合研究所のスタッフが担当した。本書が、人口減少時代を生き抜くための方策を模索している中小企業経営者の皆さまにとって、少しでも参考になれば幸いである。

最後になったが、ご多忙のなか、取材に快く応じ、貴重なお話を聞かせてくださった経営者の皆さまに対し、改めて感謝の意を示すとともに、今後ますますのご活躍をお祈りする次第である。

二〇一六年六月

日本政策金融公庫総合研究所
所長　青木　亮一

目次

事例編

総論

人口減少時代における新市場開拓

1 人口減少時代の到来

（1）わが国の人口を巡る状況

わが国が人口減少時代に突入したという認識が、広く共有されるようになって久しい。まずは、わが国の人口の推移について、データで確認をしていこう。総務省が実施した最新の「国勢調査」によると、二〇一五年のわが国の人口は一億二千七百十一万人となり、前回調査時点である二〇一〇年と比較し、九十四万七千人の減少となった（図－1）。同調査が開始された一九二〇年以来、初めての減少である。

人口減少の背景には出生率の低下がある。図－2は、わが国の合計特殊出生率、出生数、死亡数の推移を示している。合計特殊出生率は戦後から低下を続け、一九七〇年代中盤ごろからは人口置換水準（人口を一定に保つために必要な水準）である二・〇七（図－2の点線）を下回るようになった。だが、出生数の減少は緩やかなものにとどまり、「自然増減」（出生数から死亡数を引いたもの）がマイナスに転じたのは、約三十年後の二〇〇五年である。

図－1　人口の推移

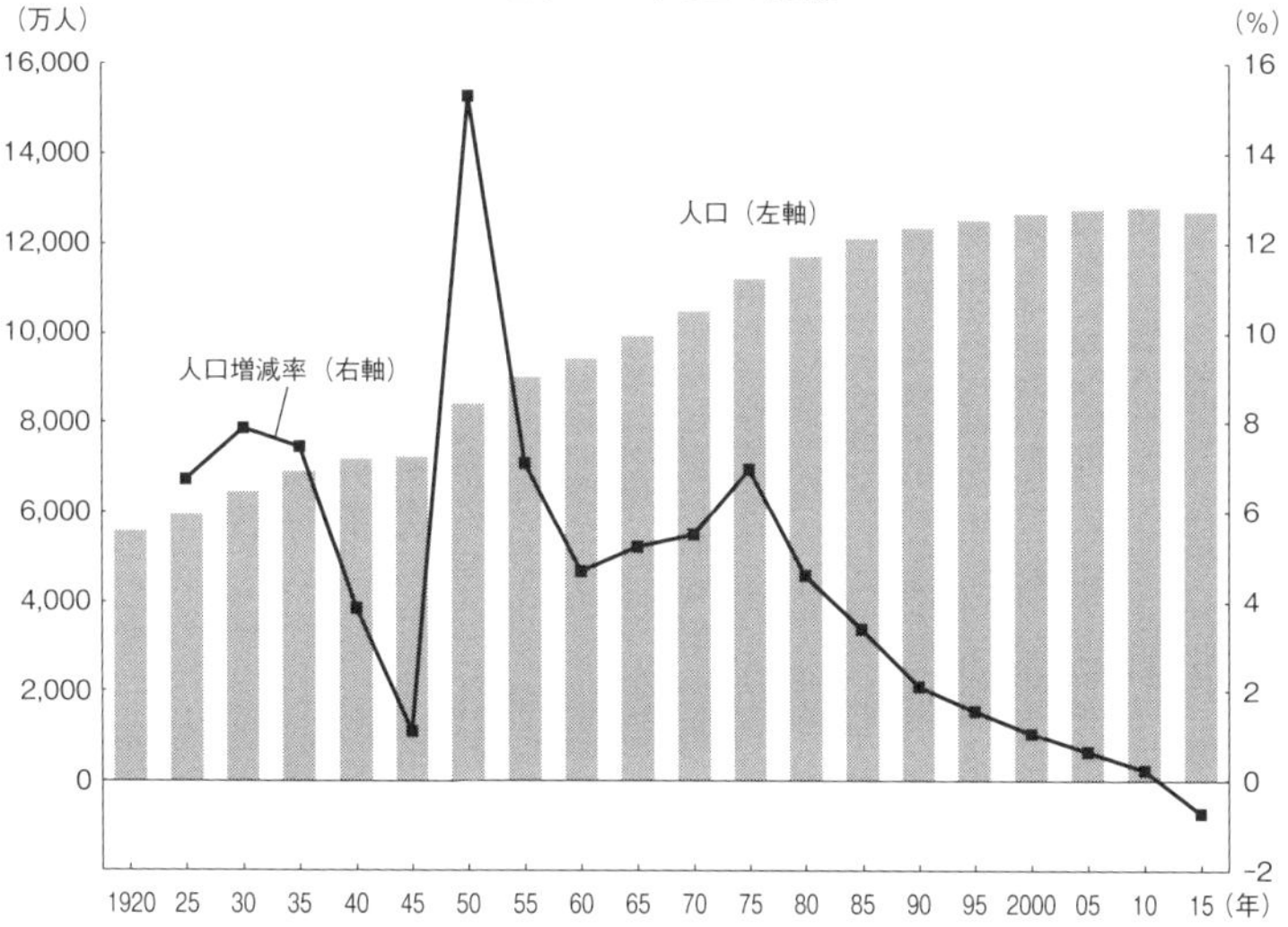

資料：総務省「国勢調査」

出生率が早い段階から低下していたにもかかわらず、人口減少が顕在化しなかった理由は主に二つある。一つは人口モメンタム（慣性）とよばれる現象である。出生率が人口置換水準を下回っても、ただちに出生数が減少するわけではない。それまでの高い出生率を背景に、当面の間は親となって子どもを産む若い世代の割合が高くなるため、一人が産む子どもの数が減っても、その総数はすぐには減らないからだ。もう一つは、医療技術の進歩等を背景とした平均寿命の伸びである。平均寿命の伸びが死亡数を抑制することで、人口モメンタムとともに人口減少に歯止めをかけてきた。人口減

図－2　合計特殊出生率、出生数、死亡数の推移

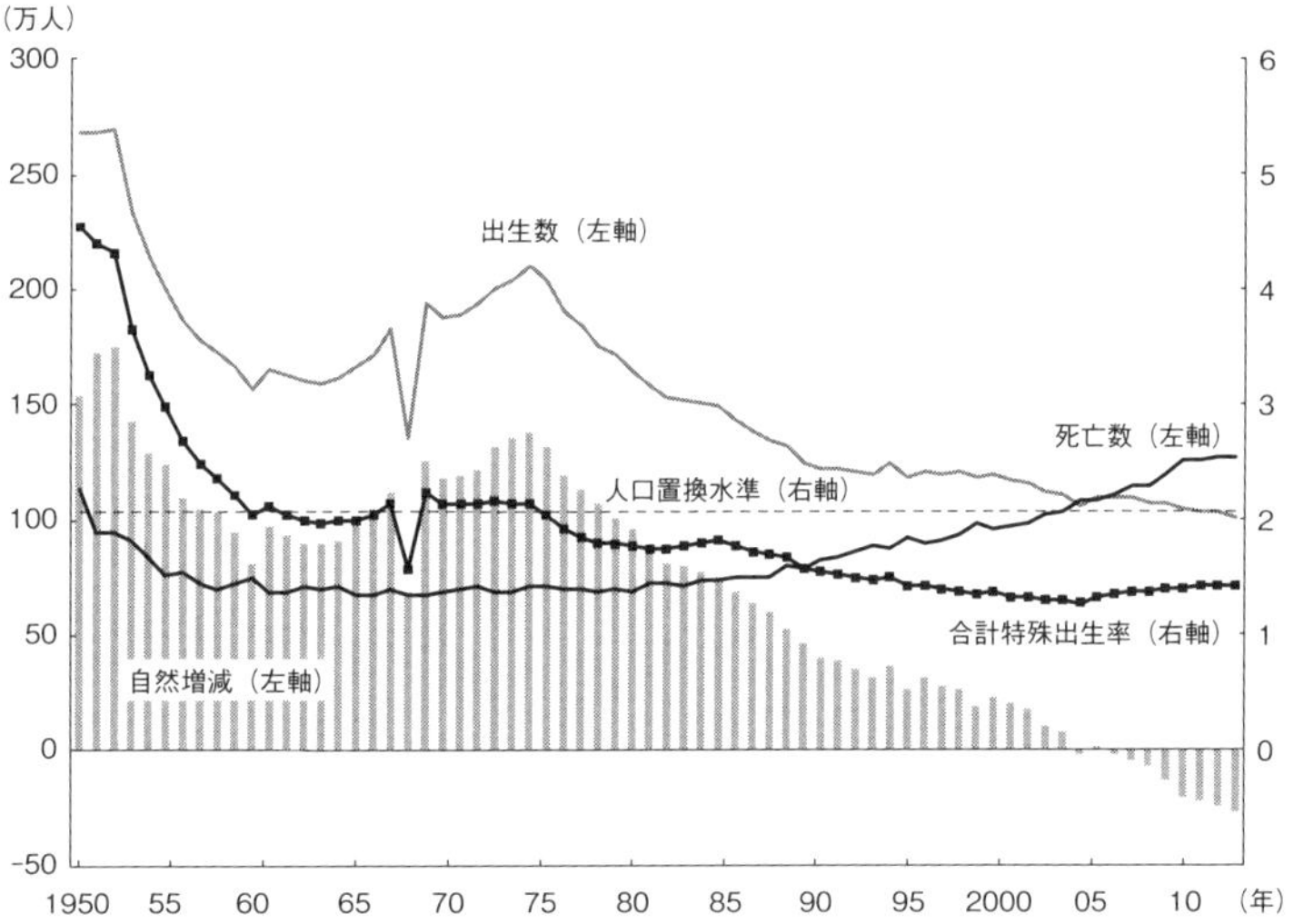

資料：厚生労働省「人口動態統計」

少の顕在化は、出生率の低下を補ってきたこれらの効果が、三十年余りをかけて消失したことを意味する。

わが国の人口は、今後どのような推移をたどるのだろうか。図－3は国立人口問題・社会保障研究所がまとめた、わが国の人口の将来推計である。これによると、わが国の人口は長期的に減少が続く。二〇三〇年になると一億千六百六十二万人、二〇四八年にはついに一億人を割り、九千九百十三万人にまで減少する見通しである。

また、人口減少に先駆けて進行してきた高齢化も、より深刻さを増

図－3　人口の将来推計

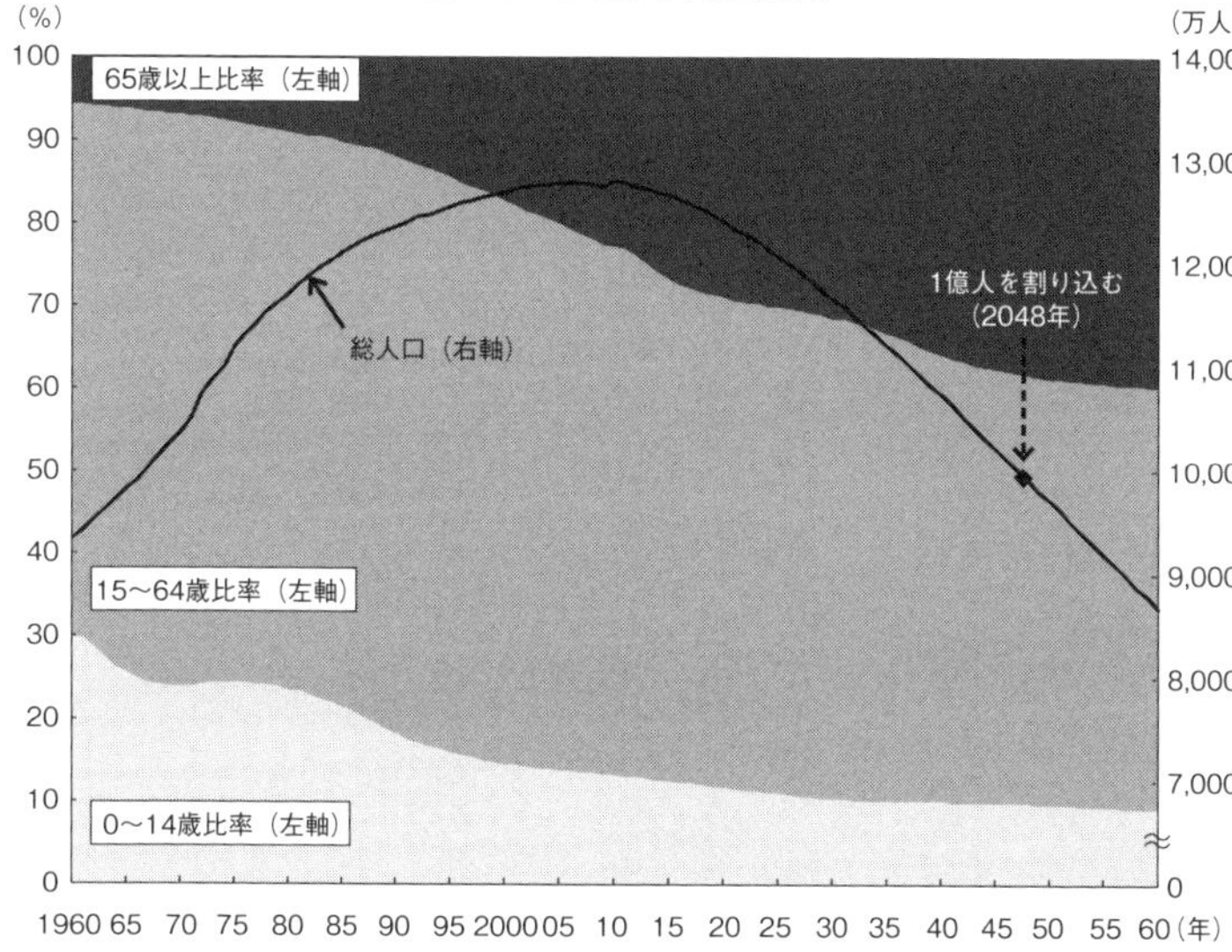

資料：国立人口問題・社会保障研究所「日本の将来推計人口」、総務省「人口推計」
（注）出生中位、死亡中位の仮定のもとでの推計。

す。主要な働き手であるわが国の生産年齢人口（十五から六十四歳）の割合は一貫して下がり、二〇六〇年には五〇・九パーセントにまで低下する。その背後で増加するのが老年人口（六十五歳以上）の割合である。老年人口割合は二〇三三年には三三・三パーセントと、三人に一人が老年人口となる。さらにみると、二〇六〇年には四三・三パーセントにまで上昇する。

未婚率の上昇や晩婚化、晩産化の傾向はとどまる様子もない。今後も出生率が大幅に改善することは望み難い。さらなる人口減少と高齢化の進展は不可避の事態といえる。

（2） 人口減少がもたらす影響

では、人口減少の結果、何が問題となるのか。一つは、労働力不足である。先ほど説明したとおり、高齢化の進展は産業活動の担い手である生産年齢人口の減少を意味するため、需要の拡大期において労働力不足が発生しやすくなる。実際、足元ですでに深刻な労働力不足が発生している。

また、社会保障財政への影響も指摘される。高齢化の進展は、社会保障財政の維持を困難にする。多くの国と同様、わが国の社会保障制度は働く世代が高齢者世代を支える仕組みとなっており、生産年齢人口の減少は年金、公的な医療保険といった制度の担い手の減少を意味するからである。

これらは、わが国の将来を考えるうえで避けられない課題である。女性の社会進出や高齢者活用による労働力人口の維持、さらには世代間格差の是正を見据えた社会保障制度改革などに、国を挙げて取り組む必要があろう。

一方、人口減少が個々の企業へ与える影響となると話は変わってくる。中小企業にとって、労働力不足や社会保障制度の行く末以上に差し迫った問題となるのが、人口減少に伴う消費の変化である。以下では人口減少がわが国の消費へ与える影響を考えてみよう。

2　人口減少により消費はどう変わるのか

(1) 購買主体の変化

中小企業が直面せざるを得ない影響の一つは、高齢化による消費市場の質の変化である。総務省「家計調査」によると、高齢者世帯（世帯主の年齢が六十五歳以上の世帯）が消費市場に占める割合はすでに三割を超えている（図Ｉ－４）。この割合と内閣府「国民経済計算」の名目消費支出額（帰属家賃除く）をもとに、高齢者世帯の消費額を推計すると、すでにその額は八十兆円程度にのぼると考えられる。今後も高齢者世帯が増加していくことを勘案すると、彼らの消費行動の特徴を踏まえずに、経営戦略を考えることは難しい。事実、対象顧客を若者から高齢者へ移す「シニアシフト」が、近年目立っている。

図－4　名目消費支出額の推移

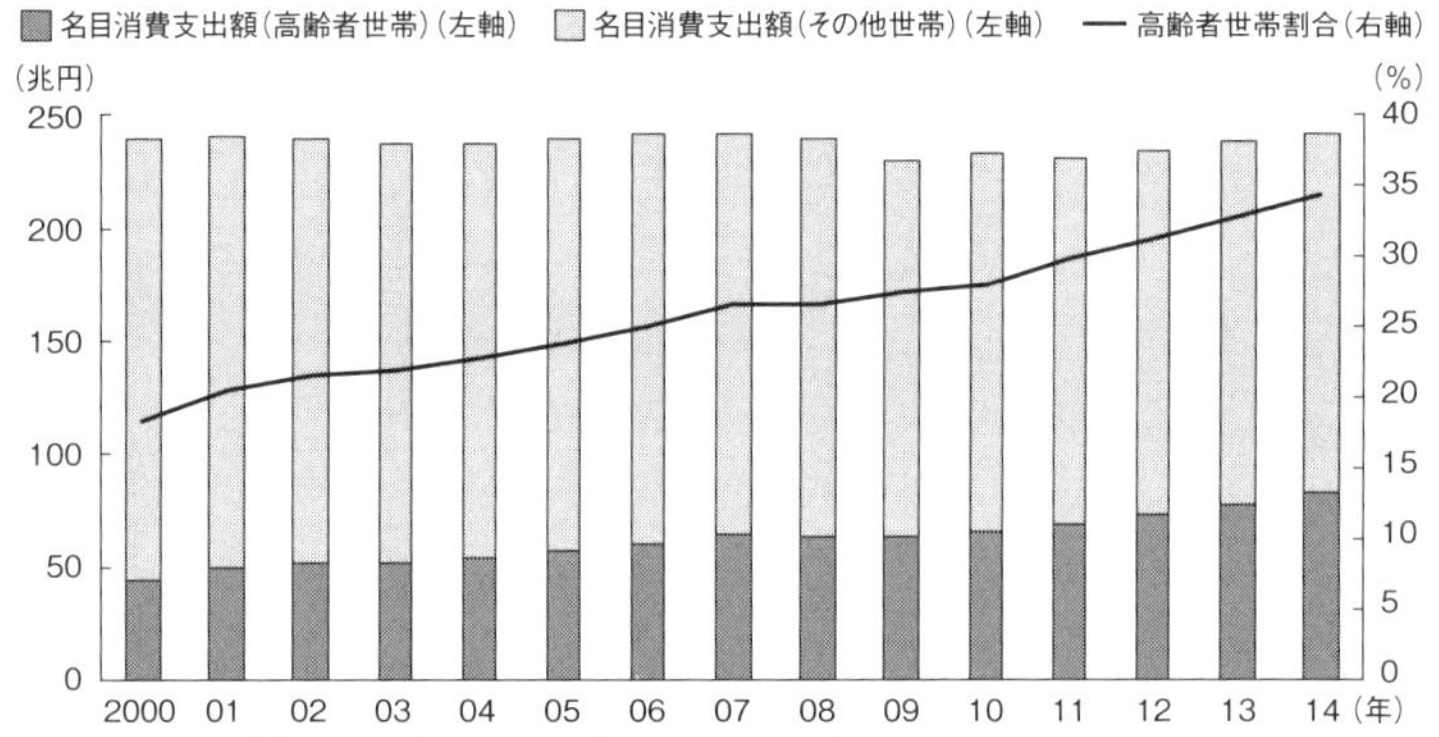

資料：総務省「家計調査」、内閣府「国民経済計算」
（注）高齢者世帯とその他世帯の按分に当たっては、経済産業省「産業活動分析（平成24年1～3月期）」の手法を参考にした。

消費者として見た場合の高齢者の特徴は何だろうか。注意しなければならないのは、高齢者世帯の消費が増加しているからといって、彼らがほかの世代と比較し、消費意欲が旺盛とは限らないことだ。図－4で示したとおり、高齢者世帯の消費額は一貫して増加傾向にあるが、その要因は高齢者世帯数の増加である。総務省「家計調査」で、一世帯当たりの消費額の推移を確認すると、高齢者世帯の消費額は底堅いものの、全世帯平均と比較して消費額は少なく、高い伸びを示しているわけでもない（図－5）。

電通シニアプロジェクト（二〇一四）によれば、現実の高齢者は巷《ちまた》でいわれているような「活動的で消費意欲が高い」というステレオタイプに簡単には当てはまらない。勤労収入がな

図－5　1世帯当たり消費支出（月平均）

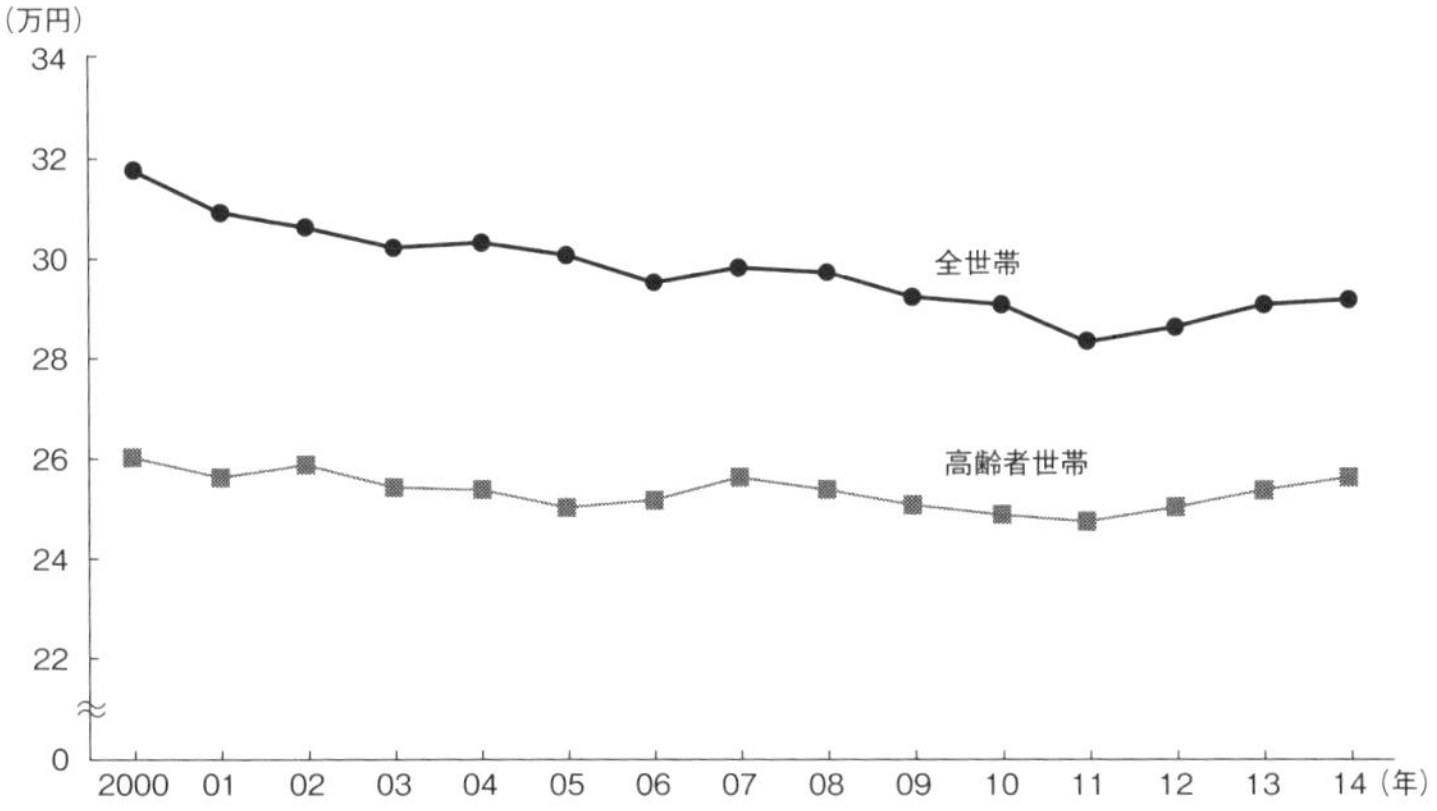

資料：総務省「家計調査」

く年金収入に頼らざるをえない高齢者世帯は節約志向が強まる。医療費や介護等の支払いへの不安も、節約志向を一層高める要因となるため、財布の紐は自然と固くなるだろう。企業にとって、今後消費市場の主役となる高齢者の攻略は容易ではないのである。

（2）消費市場の縮小

中小企業が直面せざるを得ない、もう一つの影響は、消費市場の縮小である。図－6は内閣府（二〇一〇）が試算した、実質消費額前年比変化の寄与度分解である。ここでは増減要因を一人当たり消費要因、世帯人員構成要因、人口要因に分解している。

このうち一人当たり消費要因は、景気変動等に

図－6　実質消費支出額前年比変化の寄与度分解

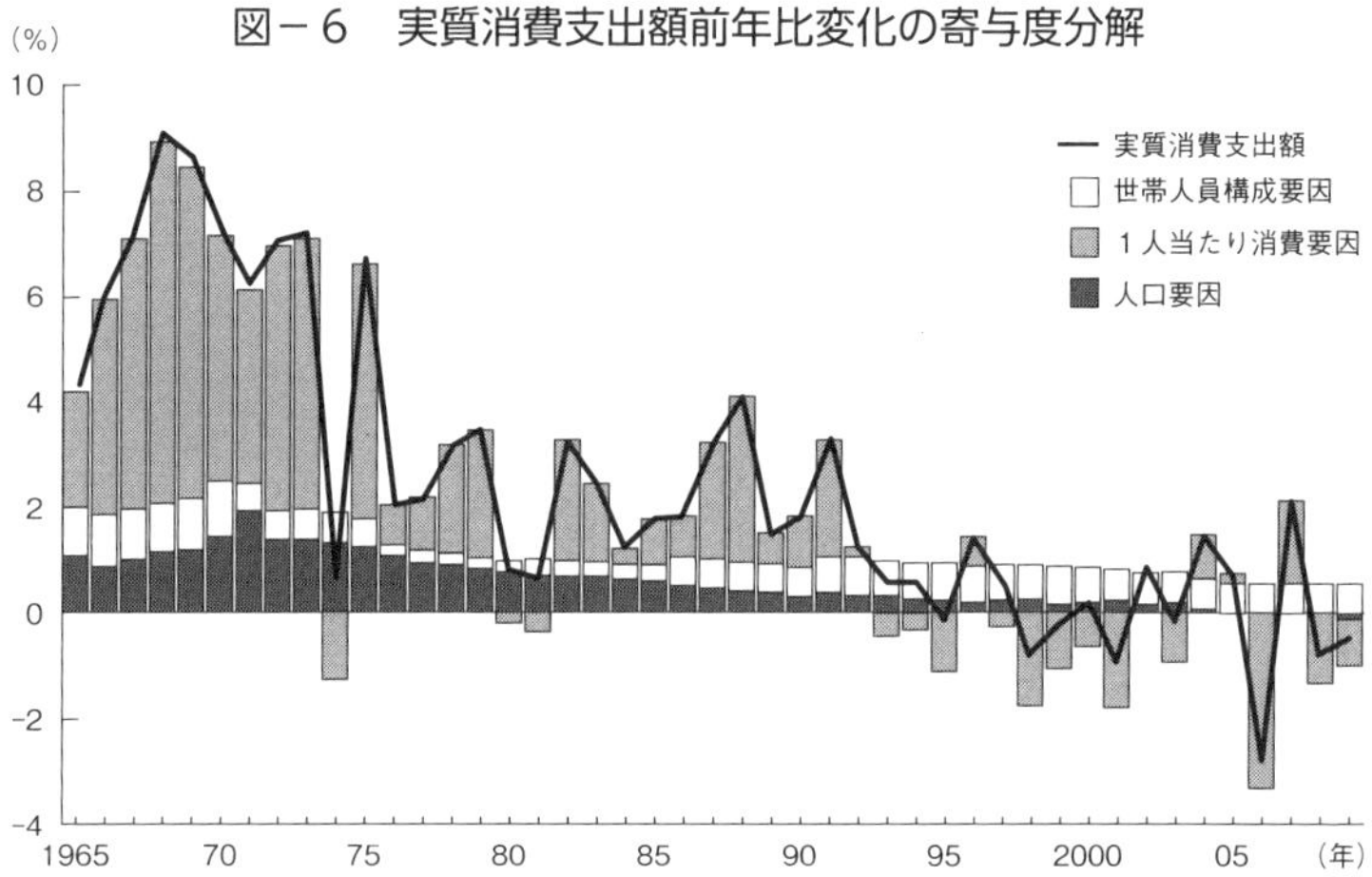

出所：内閣府（2010）

伴う一人当たり消費額の変化を表している。このなかには、人口減少に起因する消費変動は含まれていない。人口減少の影響を考えるには、世帯人員構成要因と人口要因の二つを検討しなければならない。

まずは、世帯人員構成要因である。人口減少は一世帯当たりの人数を減少させることが知られている。そして、世帯人員の減少は消費額を押し上げる方向に寄与する。一般的に、少人数世帯のほうが一人当たりの消費額は大きい。大人数世帯で起こる規模の経済の効果が、少人数世帯では薄まるためである。図－6をみると、これまで一貫して世帯人員構成要因がプラスに寄与してきたことがわかる。

一方、人口要因は人口の増減による消費額の変化である。消費が一人当たりの消費額と人口によって決まる以上、当然ながら人口減少は消費を減少させる方向に働く。図-6（前掲）をみると、一九七〇年代前半ごろまでは人口の増加が需要を一パーセントポイント以上押し上げていた。しかし、その効果は徐々に剥落し、二〇〇〇年代中盤ごろからは押し下げ方向に転じている。

こうしてみると、将来的な人口減少に伴う消費市場の縮小は避けられないことがわかる。単身世帯がすでに大きな割合を占めるようになっており、世帯人員構成要因による押し上げ効果はいずれ剥落する。一方、わが国の人口は長期にわたり減少を続けることから、人口要因による消費の押し下げ効果は今後も継続するだろう。結果、将来的には人口要因の押し下げ効果が世帯人員構成要因の押し上げ効果を上回ることになり、消費市場の縮小は避けられないだろう。

3　人口減少時代の新市場開拓

こうした消費市場の変化を乗り越えるために、中小企業はどのような対策をとるべきだろうか。一つの方法は、人口減少時代においても成長性・安定性が見込まれる市場を見出し、進出することだろう。では、人口減少時代において中小企業が生き残るために開拓すべき新市場とは、どのようなものだろうか。

第一に、人口減少時代だからこそ拡大する市場である。例えば高齢化の進展により、医療・介護分野は今後も拡大が見込まれる。

第二に、海外市場、国内であれば多くの人が集まる首都圏の市場である。人口減少に伴い国内需要が減少するなか、海外への進出、またはインバウンド需要の取り込みは有望な選択肢の一つであろう。さらに、人口減少に伴い都市圏への人口流出が予想されるなか、思い切って都市圏へ商圏を拡大する方向性もあり得る。

第三に、競合が少なく、安定した需要が見込める未開拓市場である。国内全体で需要が縮小するなかでも、特定の根強いニーズがあり、かつ市場規模や技術的問題から競合が少ない分野は必ず存在する。既存事業の強みを活かした未開拓市場への進出は、中小企業ならではの生き残り戦略といえる。

だが、こうした取り組みはいずれもハードルが高い。将来性がある市場では激しい競合が予想されるし、未開拓市場は見つけること自体が困難かもしれない。では、新市場開拓に成功するためにはどのような方法論があるのか。日本政策金融公庫総合研究所では、新市場開拓に成功した企業十五社にインタビュー調査を行い、成功のポイントを探った。

結論からいえば、人口減少時代の新市場開拓において重要なのは、顧客ニーズを出発点として、よりしっかりとしたマーケティングに取り組むことである。マーケティングとは、製品・サービスを開発・販売するまでの仕組みを構築することだが、その本質は顧客ニーズを出発点とすることにある。コトラー・ケラー（二〇一四）のなかでピーター・ドラッカーの言葉として紹介されているように、マーケティングは製品・サービスを売る技術、すなわちセリングとは根本的に異なる。顧客ニーズを深く理解し、製品・サービスを顧客ニーズに適合させ、価格・流通・販売促進といった手段を適切に組み合わせることで、セリングの必要なく、ひとりでに売れる仕組みを構築することが、マーケティングの目的である。

事例企業の多くは、新市場開拓に当たって次のようなステップを踏んでいる。第一に、徹底的に顧客ニーズが絞り込まれ、かつ自社の優位性を発揮できる市場（以下、ターゲット市場とよぶ）を選択することである。第二に、自社の製品・サービスをターゲット市場と適合させるとともに、その他の手段（価格・販売促進・流通）によってその適合を強化することである（以下、マーケティング・ミックスとよぶ）。

こうしたマーケティングの必要性は、人口減少時代だからこそ高まる。人口が増加し、市場の拡大が見込まれた時代であれば、顧客ニーズをそれほど深く理解しなくとも、新市場開拓を実現できたかもしれない。だが、消費者の攻略がより困難になり、かつ市場自体も縮小する人口減少時代においては、よりしっかりとしたマーケティングに取り組まなければ、成功は困難である。以下では新市場開拓に成功した企業の事例をマーケティングの観点から整理し、成功のポイントを探っていこう。

4 ターゲット市場の選択

ターゲット市場の選択におけるステップは次の三つである。すなわち、市場機会の分析、セグメンテーション、ターゲティングだ。

第一に、ターゲット市場を絞り込むためには、進出を考える市場において、事業に影響を与える要因を知らなければならない。そのためには、市場に関する情報の収集が必須である。これが市場機会の分析である。

第二に、市場を細分化しなければならない。つまり、購買力、欲求、購買態度、購買習慣、地理的状況などのさまざまな軸を用いて市場を整理しなければならない。これをセグメンテーションとよぶ。

第三に、細分化されたセグメントのなかから、自社の経営資源を踏まえた製品・サービスの供給可能性、差別化可能性等を吟味し、勝負する市場を絞り込まなければならない。これがターゲティングである。

以下では六社の事例を取り上げ、ターゲット市場の選択をどのように行ったのかをみていきたい。その後、三つのステップについて改めて考えよう。

㈱タニシ企画印刷（広島県広島市、従業者数三十一人）は一九七六年にチラシやパンフレットを手がける印刷業者として創業したが、現在は介護・福祉事業者向け商品の企画・販売に主力事業を転換し、業績を伸ばしている。

同社はバブル崩壊を境に売上が伸び悩み、二〇〇〇年に事業規模を縮小した。先行きに不安が残るなか、当時社長であった田河内秀子氏は、入社前に看護師として勤務した経験を活かし、ケアマネジャーの資格取得に向け動き出した。会社に万が一のことがあったときのための行動だった。

だがこの経験が、同社の事業に転機をもたらした。田河内氏は介護の実務研修を受けるなかで、介護サービス事業における事務作業の煩雑さを痛感した。介護員はサービスを提供した後、その内容や利用者の健康状態を事業所に報告する。そして、ケアマネジャーは報告をもとに利用者ごとのサービス点数を計算するが、点数計算に用いられるサービスコードはさまざまな項目をもとに細かく分類されていた。そのため、点数計算作業は極めて煩雑だったのである。

介護市場は人口減少時代ならではの成長市場である。だが、当時は介護保険制度が成立して間もなく、介護需要に目をつけた介護事業者の参入は増えていたが、その事業者の事務負担軽減に目をつけたビジネスは存在しなかった。

そこで介護事業者向けの商品開発にビジネスチャンスを見出した田河内氏は、頻繁に使用するコードだけを集めた簡易版のサービスコード表を発売。この商品は点数計算の際の事務負担を大幅に低減することから、人気を博した。

その後も、同社は介護事業者のニーズを満たす、新たな商品開発を模索した。その際、同社は介護現場のニーズを把握するため、簡易コード表を事業者へ発送する際にアンケートはがきを同封し、現場の声を収集していった。その結果生まれた介護サービスの実施記録票「テレッサ」は、事務負担を軽減するツールとして介護事業者に広く受け入れられ、同社の成長に大きく寄与している。

今野印刷㈱（宮城県仙台市、従業者数四十九人）はパンフレット、年賀状等を手がける印刷業者である。バブル崩壊以降、同社の業績は低迷した。社長の橋浦隆一氏が東北地方のコンビニで販売されている年賀状印刷の受注に成功し、いったんは業績を回復させたものの、年賀状の発行枚数は二〇〇三年をピークに年々減少。企業のペーパーレス化の進展により、その他の印刷需要も停滞するなか、同社は今後の生き残りのために、新たな需要の開拓に迫られていた。

橋浦氏は年賀状の印刷で大きな成果を挙げた経験から、消費者向け印刷に可能性を感じていた。また、挑戦するならば市場はなるべく大きい方がよい。条件を満たす市場として目をつけたのが海外のグリーティングカード市場である。グリーティングカードとは、海外において誕生日、クリスマス、結婚等のイベントごとに送られるカードである。いわば年賀状の海外版といえるもので、同社がこれまで培ってきたノウハウを活かすことができる。さらに、年賀状とは異なり、通年で安定した需要が見込めることも魅力だった。

進出に当たり、同社は海外のグリーティングカード市場について、㈱日本貿易振興機構の協力なども得つつ、さまざまな情報収集を行った。グリーティングカードの価格は一枚五十セントから十ドルと幅広く、デザインや紙質によって大きく異なる。廉価なものはメッセージが印刷されただけのシンプルなカード、高価なものには二つ折りで開くと文字やキャラクターが立体的に飛び出るカードなどがあった。また、グリーティングカード購入者の八割は女性で、カードの選択に時間をかけ、一度に複数枚購入することが多く、さらに年齢層別にみると、比較的若い層のほうがデザインに敏感であることもわかった。

同社が狙ったのは、デザイン性にこだわる二十歳代から三十歳代の女性だった。女性は複数枚購入することが見込まれ、ボリュームが大きい。また、シンプルながらもデザイン性の高いグリーティングカードであれば、高度な細工を施したものより参入がしやすく、一方でシンプルなメッセージだけのカードよりは差別化がしやすい。市場規模と成長性、そして同社の経営資源の活用可能性を備えた市場といえた。事実、この読みは当たり、同社のグリーティングカード「ｔｅｇａｍｉ」は海外市場において好評を得て、現在、米国、フランス、ドイツ、台湾などで取り扱われている。

㈱近藤機械製作所（愛知県海部郡蟹江町、従業者数三十二人）は自動車や工作機械、航空機向けの金属部品製造を手がける企業である。特に、航空機エンジンのベアリング部品など、高度な加工技術を要求される部品を得意としている。同社は二〇〇〇年ごろから取引先の海外展開等により、業績が低迷。こうした状況を打破するため、技術力を活かせる新たな分野を模索してきた。

きっかけは、偶然の事故であった。ある日、社長が趣味のロードバイクの大会に出場した際、ホイールの回転を支える自転車のハブとよばれる部品が故障した。ハブとは、ホイールの中央にある、車輪を支持して回転させる部品であり、その中心にはベアリングが使われている。自分で修理しようとハブの中身を確認したところ、数十年前からその構造が変わっていないことに気づいた。そこで同社のベアリング技術を用いれば、より高い性能のハブをつくれるのではないかと考えた。

しかし、一口にハブといっても、その購買層はさまざまである。一般的なシティサイクルを利用する人々は、ハブにこだわりなどなく、安ければ安いほどよいと考える。そのため、基本的なターゲットはクロスバイクやロードバイクなどのユーザーとなるだろう。だが、こうした自転車に乗る人のなかでもハブにまでこだわる層は稀《まれ》である。多くの人は車体の軽量化にはこだわるが、ハブの性能にまでは目がいかない。

同社はハブを製造する既存企業との差別化のため、自社が航空機エンジンのベアリング製造で培った技術を応用し、回転性能を徹底的に追求したハブをつくりたいと考えていた。価格は高くならざるを得ない。そこで同社は、プロのロードレーサーやアマチュアでも本格的なタイムを追求するレーサーで、性能のためなら多少の出費は厭《いと》わない層を対象に、製品開発を進めた。その結果完成した同社のオリジナルハブ「ＧＯＫＩＳＯ」は高く評価され、現在は同社の売上の二割を占めるまでに成長している。

王様製菓㈱（東京都台東区、従業者数九十六人）はあられやおかきを専門とする米菓の製造業者であり、国内の百貨店や高級スーパーなどに販路を有している。大手米菓メーカーとの競合に加え、少子化や健康志向の高まりを背景とした菓子市場の縮小もあり、同社は新たな成長分野へ打って出る必要性を感じていた。

きっかけは、ある外資系ケータリング企業の幹部との会話だった。かつて同社のあられが日本航空の機内食に採用されていたことから話がはずみ、今後増加が見込まれる訪日外国人客向けの商品をつくってはどうかという話になった。訪日外国人客のなかにはイスラム教徒も多いが、彼らに出せるつまみがない。そこで、イスラム教の教えに沿った材料や製法で調理されたことを示す、ハラール認証を取得してはどうかと提案されたのだ。

だが社長の木村秀雄氏はすぐに飛びつくのではなく、日本を訪れるイスラム教徒の増加の見込み、ハラール認証の取得方法、認証取得にかかるコストなどを調べたうえで、市場の将来性と市場進出の実現可能性を十分に検討した。そして、当初は十分な判断材料を得られず、取得は見送ることとなった。

再びハラール認証に着目したのは最初の検討から数年が経ったころである。当時、政府から「観光立国推進計画」が発表され、国を挙げて訪日外国人客獲得へ注力することが表明された。さらに円安も追い風となって、所得水準の向上が目覚ましいマレーシアやインドネシアなど、イスラム教徒が多くいる地域からの観光客も増えていたのだ。

さらに、当時はハラールの認証団体が日本でようやくできたという状況で、取得した企業はほとんど存在しなかった。そこで他社に先んじてハラールに対応した商品を開発して市場に乗り出せば優位に立てると考えた木村氏は、認証の取得を決意。結果、同社が開発したハラール向け土産品はその珍しさもあり、航空会社のほか成田、羽田、関西の各国際空港の土産物店でも取り扱われるようになった。

㈲市川クリーニング商会（北海道札幌市、従業者数十三人）は札幌市の住宅街に店舗を構えるクリーニング業者である。社長である市川博基氏が入社した二〇〇二年ごろから、常連顧客であった団塊世代が退職し、利用頻度が低下。さらに大手企業によるフランチャイズ展開が活発化したこともあり、同社は新しい市場を開拓する必要に迫られた。

人口減少により需要の拡大が見込めないなか、これまでと同じ商圏にとらわれていては生き残れないと考えた市川氏は、もっと遠くの人にもクリーニングを利用してもらう方法を模索。結果としてたどり着いたのが、ＩＴを活用した宅配クリーニングサービスというアイデアであった。市川氏は幼いころよりパソコンに興味をもち、大学生の時にはＩＴに関するさまざまな資格を取得していた。そのため、ＩＴを業務に活用できないかという思いが以前からあった。

だが、これまでと同じ顧客を対象としていては、宅配クリーニングの利点を発揮できない。そこで同社は優位性を発揮できる対象顧客を見出すため、全国の同業者の価格を調査した。すると、東京などの都市部のクリーニング価格が地方の価格よりもかなり高いということがわかった。

同社は地方に所在しているため、宅配料を含めたとしても、都市部の顧客を対象とすれば価格面で優位性を発揮できる。そこで同社は宅配クリーニングサービスの対象を都市部の顧客に定めた。結果、このターゲティングが功を奏し、同社の宅配クリーニングサービスは対象顧客から好評を得た。現在では宅配クリーニングサービスが実店舗の売上を超えるまでに成長している。

㈱トーヨ（愛媛県西条市、従業者数三十六人）は工場などの作業現場などで使われる防護服の製造・販売業者である。創業以来、しばらくは紳士服や婦人服の縫製業を営んでいたが、一九七〇年代後半から始まった海外製品との競合激化を背景に方針を転換した。同社はアラミド繊維とよばれる丈夫で燃えにくい合成繊維に着目し、鉄工所やガラス工房など火の危険にさらされる場所で使われる、難燃性、耐熱性と動きやすさを兼ね備えた防護服を開発。大手メーカーのOEMとして大きく業績を伸ばした。

だが時間が経つにつれ、OEMとは別に自社ブランドの防護服を開発し、事業の拡大を図りたいという思いが強くなっていった。同じ防護服市場で勝負するには、OEM元との競合を避けなければならない。鉄工所やガラス工房で使われる防護服とは別のターゲットを見つけ出す必要があった。

ある日、社長の渡邊学氏は近隣で林業の作業員がチェーンソーでけがを負ったという話を聞き、チェーンソーによる被害を未然に防ぐ防護服の開発を着想した。だが、渡邊氏は林業における防護服事情についてはほとんど知識がない。そこで実際にニーズがあるか確認するため、地元の森林組合などにヒアリングを行い、チェーンソー用の防護服をつくっている企業は国内にはないこと、また海外製はわずかに出回っていたものの、重くて固い生地のせいで着心地が悪いうえ作業がしにくいとの理由で、利用されていないなどの情報を収集した。渡邊氏は同社が得意とするアラミド繊維を活用すれば、業界のニーズに合った安全性と動きやすさを両立した防護服を作成できると考え、業界団体の助言も得ながら、開発を進めた。その結果発売された林業、造園業用の防護服「グリーンボーイ」はさまざまな賞を受賞し、順調に売上を伸ばしている。

さらに、同社は自社ブランド第二弾として、高圧洗浄用の防護服「ジェットボーイ」を開発している。この開発に当たっても、同社は日本洗浄技能開発協会などの業界団体へヒアリングを行っている。高圧洗浄用の防護服はなく、作業員は普通の作業服のうえに雨合羽を着て作業しているといった現場の情報を収集。作業員のニーズを確認したうえで開発に踏み出している。

ここまでみた企業事例から、ターゲット市場の選択がどのように行われているかを考えると、必ずしも市場機会の分析、セグメンテーション、ターゲティングという順番で事が進むわけではない。最初におおまかなターゲットを絞り、その後で市場機会を分析し、絞り込んでいく方法もあるだろう。また、これらのステップをどれほど意識的に行っているかも、企業によって異なる。だが、いずれの企業も結果的には、三つのステップのポイントを押さえている。

(1) 市場機会の分析

新市場開拓に当たって、市場の情報収集と分析は最初の一歩である。中小企業の場合、資金や人材といった経営資源に乏しく、情報収集は容易ではないが、外部機関なども活用しつつ、市場機会の分析に努めるのが望ましい。

今野印刷㈱は海外のグリーティングカード市場への参入を目指すに当たり、時間をかけた入念な市場調査を行っている。例えばグリーティングカードの海外での位置づけ、年間発行枚数、価格帯、購買層などの基本情報はもちろん、㈱日本貿易振興機構の協力を得て米国での視察も実施している。こうした市場機会の分析があったからこそ、競合が激しいなかで自社が勝負できるターゲット市場を見出すことができた。

また、王様製菓㈱はハラール市場への進出を検討するに当たって、ハラール認証の取得コスト、難易度、日本を訪れるイスラム教徒の増加見込みなど、あらゆる情報を収集したうえで、一度は進出を断念。その後、イスラム教徒のさらなる訪日、ハラール市場の成長性が確実となった段階で初めて進出を決断している。

㈱トーヨの場合は自社が得意とする防護服市場のなかでも、これまで扱ったことのない林業や高圧洗浄を扱う業界への進出を検討した。その際、同社はこれまで関わりのなかった業界における防護服事情を確かめるために、業界団体などへ赴き、ヒアリング調査を行ったうえで、そもそも市場にニーズがあるか、あるいは他社製品と差別化が可能かなどを検討している。いずれの事例においても、こうした市場機会の入念な分析が新市場選択の土台となっている。

㈱タニシ企画印刷の場合は、最初から意図したものではないが、社長自らが介護現場で働いた経験をもとにして、ターゲットを見出している。さらに、新しい商品開発の際にはアンケートによって現場のニーズを分析しており、その他の事例と同じく、新市場開拓における市場機会の分析の重要性を示している。

（2）セグメンテーション

ターゲット市場を見出すためには、自身が進出する市場を漠然と捉えるのではなく、さまざまな視点を用いて、市場を細分化する必要がある。こうした視点、あるいは分析軸をセグメンテーション変数とよぶ。セグメンテーション変数には地理的変数（国、地域）、デモグラフィックス変数（年齢、性別、所得、人種、宗教）、行動変数（製品に対する知識、態度、使用法）などがある。

セグメンテーション変数は、製品・サービスに対して同質の反応を示す購買層を取り出せなければならない。例えば、王様製菓㈱が見出したインバウンド市場を、年齢や性別で細分化してもほとんど意味がない。さまざまな国の人々が入り混じっている以上、同じ年齢・性別層のなかでも、嗜好は分かれる。一方、イスラム教では口にしてよい材料や調理法までもが厳しく決められているため、宗教という軸は同質の購買層を取り出すのに適している。

㈱トーヨは業種という軸を用いて防護服市場のセグメンテーションを行っている。これは、一口に防護服といっても、業種ごとに求められる性質が異なるからこそ成り立つ。例えば鉄工所やガラス工房であれば、難燃性、耐熱性の高い生地が求められるが、林業であればチェーンソーなどによって切れにくい生地が、高圧洗浄作業では水圧に耐えられる生地が求められる。業種という軸で分類すると、同じ防護服に対しても異なる顧客ニーズを捉えられるのである。

もう一つ重要なのは、なるべく競合が少なく、差別化しやすい分野を見出すために、複数の軸を用いる、あるいはその市場ではあまり意識されていなかった軸を用いることである。

例えば、今野印刷㈱は海外のグリーティングカード市場を性別と年齢という軸でセグメンテーションした。グリーティングカードは性別によって購買行動が異なるため、それだけでもある程度のセグメンテーションは可能である。しかし、同社はそこに年齢別の購買行動の違いを加えることで、「ボリュームゾーンとして大きく、かつデザイン性にこだわる二十歳代から三十歳代の女性」という層を見出している。

また㈲市川クリーニング商会はクリーニング事業の購買層をセグメンテーションする際に、地域という軸を用いた。クリーニング業は、基本的に地域密着型の事業であるために、地域による顧客層の違いを意識することが少ない。しかし、実際には地域ごとにクリーニングの価格は大きく異なる。近隣住民を相手とする従来のクリーニング店では意味をもたなかった軸が、宅配クリーニングという全国を商圏とするサービスでは、大きな意味をもった。

㈱タニシ企画印刷の場合も、これまで意識されてこなかった軸を用いて、市場を細分化している。同社が進出した介護市場では、介護事業自体に需要を見出すことが多く、介護事業者向けのサービスという発想には乏しかった。そこに、ビジネスチャンスが眠っていたのである。

（3）ターゲティング

ターゲティングとは、細分化されたセグメントのどの部分をターゲットにするかを決定するプロセスである。その際、セグメントごとの市場規模、成長性、リスクなどとともに、自社の経営資源が差別化に有効活用できるのかを検討しなければならない。

今野印刷㈱の場合は、グリーティング市場のなかでも、二十歳代から三十歳代の女性をターゲットとした。これは、ボリュームの大きい市場であったことに加え、デザイン性にこだわる顧客層であることから、比較的差別化が容易だと判断したためである。

㈱近藤機械製作所がターゲットとしたのは、プロのロードレーサーなど、徹底的に性能にこだわる層である。同社は航空機のベアリング製造等で培った技術を用いて高い回転性能をもつハブをつくれば、他社製品との差別化が可能だと判断した。

㈲市川クリーニング商会の場合、都市部の顧客をターゲットとした決め手の一つは、地方と都市部との価格差である。同社は北海道に所在しており、クリーニング料金は比較的安い。そのため、都市部の顧客をターゲットとすれば、宅配料込みでも価格面での優位性を保てると考えた。

一方、王様製菓㈱がハラール市場にターゲティングする決め手となったのは、ハラール認証を取得した企業がほとんどおらず、他社に先んじて進出すれば優位に立てると考えたからだ。㈱タニシ企画印刷の場合も、当時は介護事業所向けのサービスを手がける業者が少なかったことが、ターゲティングの決め手となっている。こうした先発の利を活かすことも、ターゲティングの決め手となり得る。

いずれにせよ、ターゲティングの成否は、市場機会をどれほど深く分析できているか、そして市場を適切にセグメンテーションできているかにかかっている。この点を踏まえなければ、自社がその市場において優位性を確保できるか否かの判断を誤りかねない。

図－7　4Pの定義

○プロダクト（製品・サービス）
製品・サービスの多様性、品質、デザイン、特徴、ブランド、パッケージ、サイズ、サービス、保証、返品

○プライス（価格）
標準価格の高低、値引きの有無、アロウワンス、支払期限、信用取引条件

○プロモーション（販売促進）
販売促進、広告、セールス・フォース、パブリック・リレーションズ、ダイレクト・マーケティング

○プレイス（流通）
チャネル、流通範囲、品揃え、立地、在庫、輸送

資料：コトラー・ケラー（2014）をもとに筆者作成

5 マーケティング・ミックス

見出したターゲット市場のニーズを満たすように、製品を適合させることや価格、販売促進、流通といった手段を選択することを、マーケティング・ミックスとよぶ。マーケティング・ミックスの分類についてはさまざまな形が提唱されているが、最もポピュラーなものはプロダクト（製品・サービス）、プライス（価格）、プロモーション（販売促進）、プレイス（流通）の四分類、いわゆる4Pである（図－7）。

以下では、マーケティング・ミックスを二つの段階に分けて考える。一つは、ターゲット市場と製品・サービスを適合させる段階。もう一つは、ターゲット市場と製品・サービスとの適合をより強化するように、その他三つ

のP、すなわち価格、販売促進、流通を選択する段階である。

(1) ターゲット市場と製品・サービスとの適合

ターゲット市場を選択する過程のなかで、すでに顧客のニーズは明確になっているはずだ。だが、現在ある自社の製品・サービスが、最初からそのニーズに合致していることはあり得ない。通常は何らかの形での製品・サービスの修正が必要である。

幸和ピンセット工業㈱（東京都葛飾区、従業者数九人）は一九五二年創業のピンセット製造業者である。創業以来、工業用や医療用ピンセットを製造してきた。特に九〇年代前半は医療用が好調で、一種類の注文が一度に五千～六千本入ることもあった。しかし、九〇年代後半に行われた医療制度改革により、医療機関の経費削減が進んだことで、医療用ピンセットへの需要が減少。安価な海外製品との競合も激化したことで、同社は新たな需要の開拓に迫られた。

同社が勝機を見出したのは、これまで携わってきたピンセットのなかでも、外科手術や精密加工に使われる高機能分野のピンセットへの特化である。ミクロン単位の精確さが求められる高機能分野は需要が安定しているうえに、安価な海外製品との競合もない。これまで培ってきた同社の技術を存分に活かせることもあり、ターゲットとしてはうってつけであった。

一方、高機能分野の場合はこれまで以上に品質が求められる。だが、同社の製品は職人の手仕上げである。高機能分野に売り込むには高度なレベルで品質を安定させ、それを数字で証明する必要がある。そこで同社は検査顕微鏡を導入し、製品を全数検査することで品質向上を図った。

さらに、高機能分野の製品は一種類当たりの受注数量は多く見込めない。そこで同社は生産工程、在庫管理体制等を全面的に見直し、高機能分野特有の多品種少量生産に対応できる体制をつくりあげた。こうした取り組みが功を奏し、その後は順調に業績を伸ばしている。現在、国内で製造されているピンセットの実に七割が、当社の手がける製品である。

ターゲット市場と製品・サービスの適合は一度に行われるわけではない。市場のニーズを反映した製品を世に送り出し、その反応をもとにさらなる改良を加える。こうした試行錯誤を繰り返すことで、市場と製品の適合が実現する場合もある。

今野印刷㈱は、海外のグリーティングカード市場のなかでも、二十〜三十歳代の女性をターゲット市場として選択した。彼女たちはデザイン性に敏感であり、気に入ったものであれば多少高い価格でも購入する。同社は競合他社との差別化のため、日本らしさを前面に押し出したデザインで勝負することにした。

まず、グリーティングカードのコンセプトを「ジャパニーズ・ポップ・カルチャー」として、日本の伝統的な絵柄をアレンジした商品をつくり、海外の展示会で積極的にアピールした。しかし、展示会に出品するなかで、海外の人々は必ずしも伝統的なものだけを日本的と感じるわけではなく、現代的な日本らしさにも十分な魅力を感じることがわかってきた。そこで、レトロなデザインを現代風にアレンジした「レトロモダン」を新たなコンセプトに掲げ、消費者のニーズに合わせてラインアップを少しずつ変えていくことで、同社の製品は次第に海外のグリーティングカード市場へ浸透していった。

製品・サービスが提供する価値には、本質的サービスと付加的サービスがある。前者は製品が提供しているサービスのうち中心となるもの、後者はそれ以外のサービスである。例えば、旅客機のファーストクラスを考えてみよう。顧客が旅客機に対して本質的に求めるサービスは、移動手段としてのそれである。一方、ファーストクラスの場合は、移動手段としてのサービス以外にも豪華な食事、快適な空間といった価値も提供している。これが付加的サービスである。本質的サービスだけではなく、こうした付加的サービスをアレンジすることで製品・サービスをターゲット市場へ適合させることも一つの手段である。

先ほど紹介した㈲市川クリーニング商会のターゲティング市場は、都市圏のクリーニング利用客であった。その市場へ同社が提供した製品・サービスは、ＩＴを活用した宅配クリーニングサービスである。

先述のとおり、都市圏の利用者からみた同社のサービスの利点はその価格にあった。だがそれだけでは弱いと考えた同社は、さらなる差別化のため、宅配クリーニングにもう一つのサービスを付加した。それが都市圏の衣類保管の問題に対応するための、長期保管サービスである。これは、顧客の希望があればクリーニングを引き受けた衣類を、最長八カ月無料で保管するサービスである。都市圏では住居が狭く、オフシーズンの衣類保管に困っている場合が多い。こうした衣類を預かるサービスがあれば、ターゲット市場である都市圏のクリーニング利用客の隠れたニーズに応えられると考えたのだ。実際、このサービスは都市圏の顧客のニーズを捉え、事業の成長に寄与している。

（2）価格、販売促進、流通の選択

製品・サービスが市場のニーズに合致していたとしても、適切な価格設定や顧客へ効果的に訴えかける販売促進、そして顧客に届けるための適切な流通経路がなければ、その魅力を伝えることは難しい。以下ではターゲット市場と製品・サービスの適合を強化する価格、販売促進、流通の選択について、事例から確認していこう。

①価格の設定

価格は自社の市場におけるポジショニングを決定する、極めて重要な要素である。だが多くの企業は、自社のポジショニングとは無関係に、コストに対して一定のマージンを上乗せする形で価格を設定しがちだ。事前の情報収集とターゲットの明確化によって、より戦略的に価格設定を行わなければならない。

先ほど紹介した今野印刷㈱は、事前の市場調査により、自社の商品の立ち位置を吟味したうえで、価格を決めている。海外のグリーティングカードの価格は五十セントから十ドルと幅広く、平均的な価格は四ドル程度である。価格の違いはデザインや紙質による。例えば、廉価なものはメッセージが印刷されただけのシンプルなカードが多い。一方、高価なものには二つ折りのデザインで、開くと文字やキャラクターが立体的に飛び出たり、音楽が流れたりするものがある。

同社の商品はシンプルながらもデザイン性にこだわっている。だが、海外での強力な販路はもっていなかったので、もし平均的な価格よりも低くしても、スーパーマーケットなどで大量に販売されている廉価な商品に太刀打ちできない。一方、デザイン性にこだわる層に向けた商品であるため、多少高い価格でも許容される可能性は高かった。そこで、同社は価格を平均よりも少しだけ高い五ドル程度に設定した。

また、価格割引もターゲット市場と製品・サービスの適合を強化する有効な手段である。条件設定の際には、割引に対する顧客の反応を予想し、マージンの減少が取り返せるだけの需要の増加が見込めるのか、検討しなければならない。そのためには、顧客ニーズの理解が不可欠である。

㈲市川クリーニング商会の宅配クリーニングは、何着送っても宅配料が同一なので、顧客にとってはまとめて送ったほうが割安なサービスである。さらに、無料の長期保管サービスを提供しているため、オフシーズンの衣類をまとめて送りたいというニーズが、とりわけ強い。そこで、同社は十着以上まとめて預けてくれる顧客に対して割引サービスを適用。顧客がより多くの衣類をまとめて送るインセンティブを高め、結果として売上の増加につなげている。

②販売促進の活用

販売促進を行う一つの目的として、ブランディングがある。経営資源に乏しい中小企業の場合は、広告などの資金力を要する手段は取りづらいため、展示会への参加やメディアからの取材などのパブリック・コミュニケーションの活用が現実的な手段となろう。その際には、目的を明確にしたうえで参加する展示会、取り上げられるメディアなどを戦略的に選別する必要がある。

㈱開化堂（京都府京都市、従業者数十二人）は老舗の茶筒製造業者である。同社の茶筒は百四十年以上前からつくられており、製法は現在でもほとんど変わっていない。一九九〇年ごろまでは、茶専門の大手小売店に数多くの茶筒を納めていたが、バブル崩壊後にギフト用需要が落ち込んだこともあり、徐々に高級品の製造へシフト。しかし、国内需要の獲得には限界があったため、次第に海外需要の開拓に活路を見出すようになった。

同社の茶筒は一つ一つが職人の手づくりであり、価格は一万五千円から二万円程度とかなり高めである。そのため、海外でその価格に見合った価値を認めてもらうためには、ブランド力を高めることが必要だった。

そこで同社は海外に向けて自社の茶筒をアピールするに当たり、影響力のあるバイヤーが集まり、メディアでの注目度の高い見本市を検討し、結果としてフランスの「メゾン・エ・オブジェ」への出展を選択した。また、そのなかでもデザインの優れた製品が集まるホールにブースを構え、出展経験のあるインテリアデザインの会社からのアドバイスをもとにブースを工夫するなど、徹底的な対策をとった。

出展期間中は商談よりもメディア対応を重視し、特に伝統ある商品を紹介するインテリア雑誌などの取材に対し、積極的に茶筒をアピールした。また、その機能だけではなく、歴史的背景などを丁寧に説明することで、単なる日用品ではない深いバックグラウンドをもつ製品であることを強調した。

こうした取り組みが功を奏し、現在では海外十五カ国において同社の茶筒が販売されている。海外での評価が高まったことで国内の売上も増加し、業績は順調に推移している。

製品・サービスの内容によっては、広告やメディアといった非人的チャネルよりも、信頼できる人からの紹介や口コミといった人的チャネルのほうが有効な場合がある。例えば、これから紹介する上級者向けの楽器製造企業のケースでは、ブランドイメージよりも著名なミュージシャンが製品を評価しているという事実、あるいは信頼できる筋からの口コミのほうが宣伝効果は高い。その際に重要なのは、影響力のある人的チャネルを見極め、戦略的に接触の機会を増やしていくことである。

㈱サカエリズム楽器（大阪府大阪市、従業者数二十五人）は一九二五年創業のドラム楽器製造業者である。大手楽器メーカーのOEMに長く携わるなかで、ドラム製造の技術を磨いてきた。しかし、九〇年代ごろから製造の海外移転がすすむにつれ、同社の売上も減少。そこで、自社ブランドのドラムを開発することで起死回生を図った。

同社が選択したターゲット市場は、既存の音に満足できないドラム上級者である。同社はターゲット市場に向けた製品を開発するため、プロミュージシャン、音響担当者等の声を取り入れることを重視した。例えば、ライブではドラムの音がほかの楽器の音と混ざり、聞き取りにくくなる場合がある。そこでミュージシャンに繰り返し試奏してもらい、どういった音であればくっきりと聞き取れるのか意見を聞いて回り、開発に活かした。

さらに、同社は製品の認知度を高めるため、さまざまなミュージシャンのレコーディング現場やライブなどへ開発したドラムをもち込み、試奏してもらった。すると、品質の高さがたちまち評判となり、短期間のうちにさまざまな著名なミュージシャンと契約を結ぶことができた。結果、国内では一定の地位を築くことに成功した。

だが、上級者向けのドラムはマーケットが小さく、国内だけでは十分な売上を見込むことができなかった。そこで考えたのが、海外市場への進出である。同社には海外で販売するためのコネクションがなかったので、まずは各国で開催される展示会に参加し、販売代理店を探した。しかし、一年目の参加では同社の知名度の低さから、大きな成果は得られなかった。そこで、二年目以降は各国の展示会に出展する前に、脈のありそうな販売代理店を事前にピックアップした。その際、安価な入門用を中心に扱う大手チェーンに入り込むのは難しいため、中堅規模の代理店にターゲットを絞った。そのうえで、出展前にメールなどでできる限り代理店とコンタクトを取り、同社のブースへ誘導した。

こうした地道な営業活動が功を奏し、販売代理店だけではなく、ミュージシャンが同社のブースへ訪れる機会も増えていった。そして、海外の著名なミュージシャンたちと契約を結べたことが、海外での評価を高めるきっかけとなり、現在、同社の売上に占める海外比率は実に七割にまで達している。

③流通の工夫

流通も、ターゲット市場と製品・サービスの適合を考えるうえでは重要な要素である。場合によっては、流通の工夫がその製品・サービスの競争力の源泉にもなり得る。

玄海活魚㈱（佐賀県唐津市、従業者数十三人）は一九六九年創業の活魚の卸売業者である。その傍らでレストランも営み、特に呼子の活イカを使った「イカの活造り」は人気を博していた。しかし、二〇〇〇年に入ったころから、メーンの顧客であった観光客が減少。同社は新しい需要の開拓に迫られた。

同社社長の古賀和裕氏は、新たな需要の開拓に当たり、目玉商品である呼子の活イカを首都圏に届けられないかと考えた。商圏が拡大できれば売上の伸びが期待できるだけではなく、町の宣伝にもつながり、観光客を呼び戻せると考えたのである。

しかし、イカは非常に繊細な生物である。活魚輸送トラックでも二～三時間の輸送が限界で、それ以上の長距離輸送ができず、商圏拡大のネックとなっていた。そこで同社は、これまで培ってきた活魚輸送のノウハウや大学との連携により新しい輸送法を開発。現在では活イカ専用輸送トラックで毎週千二百杯のイカを東京に送り出すようになった。活イカは輸送が難しく、コストもかかるため、冷凍イカの十倍ほどの価格となり、飲食店での価格も高くならざるを得ない。それでも、締めたばかりの甘く、透明なイカを東京で食べられると評判になり、目玉商品が欲しい首都圏の店舗の需要をつかんでいる。

6 まとめ

以上、人口減少時代における新市場開拓のポイントについてみてきた。事例からわかるとおり、人口減少により消費者の攻略が難しく、また市場が縮小することが見込まれるなかでは、よりしっかりとしたマーケティングへの取り組みが求められる。

以前のように人口が増加し、市場が拡大する時代であっても、マーケティングの重要性は認識されていたのかもしれない。しかし、これまで中小企業は「良いものをつくれば売れる」、あるいは「マーケティングは大企業特有の戦略であり、自社には関係ない」という考えから、しっかりとしたマーケティングへの取り組みができていなかったのではないか。今回取り上げた事例からもわかるとおり、マーケティングの有効性は高く、かつ中小企業でも十分取り組みが可能なものである。人口減少時代を生き抜く新市場開拓の手法として、今一度、その可能性を見直すべきだろう。

（山口　洋平）

【参考文献】

電通シニアプロジェクト（二〇一四）『超高齢社会マーケティング―八つのキーワードで攻略する新・注目市場の鉱脈』ダイヤモンド社
内閣府（二〇一〇）「平成二十二年度年次経済財政報告―需要の創造による成長力の強化」
フィリップ・コトラー、ケビン・レーン・ケラー（二〇一四）『マーケティング・マネジメント（第十二版）』丸善出版

事例編

事例 1

全国を商圏とするクリーニング店

㈲市川クリーニング商会
代表取締役 市川 博基

■代 表 者　市川 博基
■創　　業　1965 年
■従業者数　13 人
■事業内容　クリーニング
■所 在 地　北海道札幌市白石区北郷 2 条 6-6-1
■電話番号　011（873）3498
■U R L　http://ichikawa929.jp

三つの特徴をもつ先進的なサービス

――「ekeep」というクリーニングサービスを手がけているそうですね。一般的なクリーニングと何が違うのですか。

ｅｋｅｅｐは、一般的なクリーニングに三つの新しい要素を加えたサービスです。

一つ目は、「ＩＴ」です。当社は、楽天市場に出店したネットショップ「イチカワクリーニング」で、ｅｋｅｅｐの注文を受けつけています。したがって、お客さまは、インターネットを使える環境さえあれば、昼夜を問わず注文することができるのです。

二つ目は、「宅配」です。お客さまがインターネット上で注文すると、まず当社から集荷用バッグがメール便で届きます。お客さまが衣類をバッグに詰めたうえで、宅配会社の集荷サービスを利用して当社に送り返すと、代金の請求がきます。入金した後、当社からクリーニング済みの衣類が送られてくるという手順となっています。こうした仕組みにより、お客さまは一度も来店することなくサービスを受けられるのです。

そして三つ目は、「長期保管」です。希望があれば、クリーニングを引き受けた衣類などを最長で八カ月間無料で保管しています。お客さまのメリットは、オフシーズンにおける衣類の収納に悩まされずにすむ点です。とくに、収納スペースの狭い住宅が多い都市部に住む方に喜ばれています。しかも、当社のある札幌市は気温や湿度が低く、衣類を保管する環境として優れているため、安心して預けていただけます。

地域密着型から脱するアイデアを洗い出す

――ｅｋｅｅｐが生まれたきっかけを教えてください。

一九六九年に設立した当社は、札幌市の住宅街に店舗を構え、地元の常連客に支えられて安定した売上を保っていました。ところが、わたしが入社した二〇〇二年ごろから、常連のお客さまだった団塊世代が退職し、利用頻度が低下しました。さらに、大手企業によるフランチャイズ展開が活発化したことで、競争が激しくなってきたのです。

わたしは、売上を回復させようと、当社の商圏内に何度もチラシを打ちました。ところが、ライバルがひしめくなかにあっては、反応は芳しくありません。売上の減少に歯止めをかけることはできず、当社は二〇〇七年に赤字に転じました。

当時は、日本が間もなく人口減少局面に突入することが社会的に注目を集めていました。とくに地方都市において減少のスピードが速いと予想されており、当社も従来の商圏だけをターゲットとしていると、お客さまがどんどん減っていくのは間違いありません。

ですから、当社が生き残っていくためには、もっと遠くの人にも利用してもらう必要があります。そうしたなか、浮かんできたアイデアが、ＩＴを活かした宅配クリーニングサービスだったのです。

実は、わたしは幼いころからパソコンに興味をもっており、大学生のときにＩＴに関するさまざまな資格を取得していました。得意とするＩＴを活用すれば、全国のお客さまから注文を得ることが可能になるのではないかと考えたわけです。

ekeep の手順

――ただ、宅配料がかかる分、価格は割高になると思います。

わたしも、アイデアを思いついた時点では、価格面が気になりました。しかし、全国の同業者のサイトを確認したところ、クリーニング料金は、地方のほうが都市部よりも低いことがわかりました。例えば、スーツ上下の料金は、当社では九百円なのに対し、東京都内の店だと千五百円近くかかります。

これだけの差があれば、お客さまに宅配料を負担してもらったとしても、当社を利用したほうが安くすみます。もちろん、注文する点数が多いほどお客さまにとってお得ですし、当社の売上も増えます。そこで、十着以上注文してくれた場合には値引きすることを、サービスのアイデアに加えました。

そうすると、利用してもらえる可能性が高いのは、都市部に住む人です。ターゲットを絞れるのならば、サービスをもっとアレンジできそうだと考えたわたしは、そのヒントを得るために、都市部に住む友人たちにクリーニングに関する悩みを尋ねてみました。

教えてもらったなかで着目したのは、クリーニングを終えた衣類の保管の問題でした。都市部のマンションの収納スペースは狭いため、トランクルームを借りる人もいるそうです。このことを知って思いついたのが、無料の長期保管だったのです。

長期保管のサービスまで手がけようと考えたのは、お客さまの悩みを解決できるからだけではありません。当社にも大きなメリットをもたらします。

――長期保管サービスを手がけると、どのようなメリットがあるのですか。

クリーニング業は、繁忙期と閑散期の差が激しい業種です。当社でも、冬物のクリーニングの注文が集中する春先には、従業員が夜遅くまで作業をしなければなりませんでした。

この問題は、お客さまから衣類を長期間預かることができれば簡単に解決できます。届いた衣類の状態をみたうえで、急を要するものはすぐに着手し、そうでないものは閑散期に対応することにより、作業の平準化が可能となるからです。

こうしてサービスの構想を細部までしっかりと固めたうえで、二〇〇九年一月にｅｋｅｅｐをスタートしました。しかし、サービスを開始した直後は、期待したほどの注文は来ませんでした。

集荷用バッグ

ｅｋｅｅｐを事業の柱へ仕上げる

――それはどうしてですか。

クリーニングを頼む店をわざわざインターネット上で探す人は少なかったからです。そこでわたしは、ｅｋｅｅｐを積極的に周知することにしました。

その相手として着目したのは、ｅｋｅｅｐと同じ時期に始めた洗濯用品のネット通販の利用者です。洗剤や柔軟剤といったものまでインターネットで購入する人ならば、ｅｋｅｅｐに大きな魅力を感じてくれると踏んだのです。

わたしは、ネット通販で洗濯用品を購入した方に商品を送る際、ｅｋｅｅｐの宣伝チラシを同封しました。すると、狙いどおり、チラシを見た顧客から注文が舞い込むようになったのです。

また、北海道経済産業局の「北海道ＩＴ経営貢献賞」に応募しました。賞を獲ることができれば、宣伝になると考えたからです。

二〇一〇年に、ｅｋｅｅｐは先進的なサービスであるとして同賞に輝きました。すると、新聞やテレビなどで取り上げてもらうことができ、これを見た方から注文がくるようになりました。

果たして、インターネットを経由したｅｋｅｅｐの月商は、サービス開始当初は二十万円に満たなかったのですが、二〇一三年には三百万円を超えるまでになりました。今では、実店舗の売上を上回るまでになっています。

――全国を商圏とするクリーニング店に生まれ変わったのですね。

一般に、クリーニング業は、地域密着型の産業といわれます。とくに、当社のような地方にある小さな店では、地元の常連のお客さまとの関係を大切にしながら、きめ細かいサービスを提供するというスタイルを取っているケースがほとんどです。

もちろん、地元のお客さまは大事です。しかし、今後、人口減少や高齢化が本格化していくことを踏まえると、商圏を拡大する工夫が必要になると思います。

当社はｅｋｅｅｐのほかにも、遠方のお客さまに利用してもらうための取り組みを行っています。その一例が、チャイルドシートとベビーカーのクリーニングサービスです。たんに洗浄するだけではなく、部品を分解し、アイロンの蒸気をかけて殺菌したうえで丁寧に磨き上げます。

きっかけは、地元の常連のお客さまから「チャイルドシートを洗うのが大変なので代わりにやってほしい」と頼まれたことです。考えてみると、チャイルドシートなど幼児が使うものは、清潔さを保っておく必要があるにもかかわらず、洗浄を行うプロの業者がいるという話を聞いたことがありません。他の店では対象としていないものを扱えば、遠方からも注文がくるのではないかと思い、二〇一三年にサービスを開始し、当社のホームページで周知しました。

すると、期待したとおり、札幌市外からも数多くの注文が寄せられました。利用者から「二人目の子どもが産まれて久しぶりに使おうとしたらカビが生えていて困っていたが助かった」という声をいただくなど、好評を得ています。

これからも、地元のお客さまを大切にしつつ、遠方のお客さまからの注文を増やせるように、新たなサービスを生み出していきたいと思います。

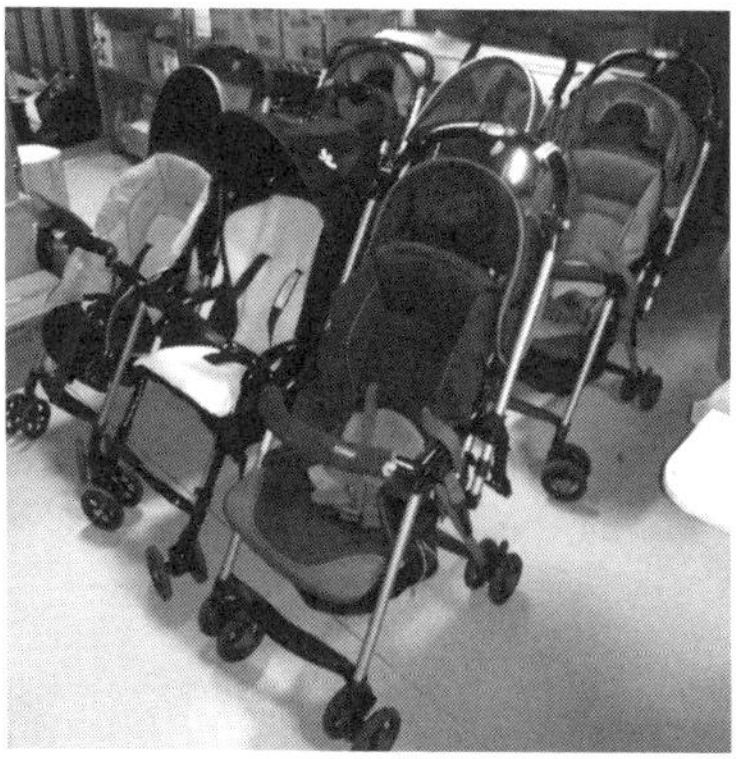
クリーニングを依頼されたベビーカー

取材メモ

市川さんは、一般的なクリーニングにさまざまなアイデアを加えて、魅力あるサービスを生み出した。さらに、洗濯用品のネット販売という別の事業に宣伝という役割を担わせることで、サービスを周知した。こうした取り組みによって、同社は全国を商圏とすることができたのである。

今後、日本において人口減少が進めば、市場のさらなる縮小は避けられない。そうしたなかで地域の中小企業が生き残る対策の一つとして、商圏の拡大が挙げられる。クリーニング業に代表される地域密着型の業種では商圏を拡大することは難しいと思われがちだが、市川さんのように知恵を絞れば実現は可能なのだ。

（立澤　隆）

事例２

商圏を拡大して伝統技術を守り抜く

㈱永勘染工場
代表取締役　永野　仁

■代表者　永野　仁
■創　業　1887年
■従業者数　９人
■事業内容　染物の製造・販売
■所在地　宮城県仙台市若林区南染師町13
■電話番号　022（223）7054
■ＵＲＬ　http://www.norenya.co.jp

伝統の染色技術

――事業の概要を教えてください。

宮城県仙台市で染工場を営んでいます。取り扱っているのは、のれん、半纏《はんてん》・法被《はっぴ》、のぼり、前掛け、手ぬぐいなどです。当社が得意とするのは「引き染め」という手作業の染色技法です。

注文を受けてからの引き染めの作業を説明すると、はじめに、下絵を描きます。顧客の了解が取れたら、専用の機械に下絵のデータを取り込み、専用のプロッターで型紙の制作を行います。

次に、糊置きを行います。糊置きとは、生地の上に型紙を乗せ、その上から防染糊《ぼうせんのり》をへらで置く作業です。防染糊が置かれたところは生地が染まらないので、模様ができるのです。糊を均一な厚さに置くことが非常に難しく、染める部分と染めない部分の境界線をいかにきれいに出せるかが、職人の腕のみせどころといえるでしょう。

糊が乾いたら、刷毛《はけ》で染料を染めていきます。天日で乾かしたのち、色止めの作業を行い、糊や余分な染料を洗い流します。

こうして作る染物の出来栄えや風合いは、生地の性質、季節、気温や湿度などにより微妙に異なるため、一枚一枚がそれぞれ個性をもった仕上がりになります。

――沿革を教えてください。

当社は、一八八七年に糊置きの専門業者として創業しました。染物業界は分業が一般的です。全国各地の問屋から注文を集める元請けの染工場の下に、多くの小規模な染工場が連なり、下絵や糊置き、染色などの工程をそれぞれ担当していました。当社は下請けとして、半纏などの糊置きを行っていました。

第二次世界大戦後、当社は元請けからの要請もあり、糊置きに加えて下絵や型紙作成、刷毛による染めも手がけるようになりました。また、半纏だけではなく、のれんやのぼりも扱うようになりました。

引き染めの作業風景

一九五〇年代半ばから、遠洋漁業が盛んになるとともに、漁船で使用される大漁旗の需要が増加しました。大漁旗の注文をさばききれなくなった宮城県や岩手県沿岸部の染工場から依頼を受け、当社は大漁旗の引き染めを手がけるようになりました。

さらに先代である父は、元請に依存するのではなく、自ら販路を開拓していこうと考え、六〇年に直販を開始しました。当時、染工場が商店などに直接、販売することは稀《まれ》でしたが、のれんやのぼりなどを作り、仙台周辺の旅館や飲食店に営業をかけて販路を開拓していったのです。

わたしが当社に入社したのは七二年です。染物の需要は七〇年代半ばに最盛期を迎えましたが、その後は生活様式の洋風化や人口減少に伴う商店数の減少などにより、縮小していきました。加えて、インクジェットプリントなどの機械印刷の普及により、広告業者などがのれんやのぼりを作るようになったのです。

当社も時代の変化に遅れまいと、染色機械の導入を検討しました。しかし、機械で作る商品の場合、デザインや出来栄えよりも価格の安さが重視されることが少なくありません。このため、価格競争が厳しくなっていったのです。

わたしが社長になった二〇〇〇年は、仙台周辺の顧客を中心に、細々と営業していました。後継者の当てもなかったため、わたしの代で辞めても仕方がないと考えていました。ところが、翌年になると状況が変わります。後を継ぐ意志のなかった大学生の息子が「家業を継ぎたい」と言ってきたのです。将来どのような仕事をするかを考えるなかで、家族代々受け継いできた引き染めの技法を自分も守っていきたいという思いを抱いたそうです。そこで、わたしは現状のままではいけないと感じ、当社に入った息子とともに打開策を検討しました。

インターネットの活用で商圏を拡大

――どんな対策を行ったのですか。

仙台周辺の取引先だけを相手にしていては、需要が縮小する一方です。しかし、全国に営業へ出向くのは現実的ではありません。そこで、普及しつつあったインターネットを活用して、商圏を拡大することにしました。二〇〇一年にホームページを立ち上げ、その中にオンラインショップを開設しました。

デザイン事務所に依頼して、おしゃれなデザインのホームページを作ったのですが、ほとんど反応はありませんでした。

集客に役立つホームページの作成を学ぶため、息子を仙台市産業振興事業団のセミナーに参加させました。そこで息子が、講師を務めるホームページ制作会社の代表と懇意になり、当社のホームページの改善に力を貸してもらえることになったのです。

――どのように改善したのですか。

当社のホームページには、大きな問題点が三つあったので、それぞれを解決できるように作り替えました。

第一は、商品の購入を考えている人が当社のホームページにたどりつけないことです。商品の購入先をインターネットで探す人は、「のれん」や「のぼり」といったキーワードで検索するにもかかわらず、変更前のホームページでは、事業概要の説明が主体となっていたからです。そこで、これらのキーワードをホームページの随所に散りばめるなどして、有名な検索エンジンの上位にヒットするようにしました。

第二は、ホームページを閲覧した人に当社の強みが伝わらないことです。これを解決するために、当社の引き染めの技術を前面に押し出しました。まずトップページで、伝統的な染色技術を代々受け継いでいることや、職人が丁寧な手仕事で作っていることを紹介。加えて、閲覧者が商品をイメージできるように、作った商品を導入事例として載せたのです。また、閲覧者に安心感をもってもらえるように、顧客の声を紹介しました。

第三は、注文から納品までの流れがよくわからないということです。そこで、文字だけではなく、写真やイラストを交えて説明することで、納品までのイメージがわかりやすく伝わるように工夫しました。

このようにホームページを作り替えた結果、閲覧数は増加し、遠方からの問い合わせも増えてきました。しかし、受注にはなかなか結び付きませんでした。遠方の顧客と取引する場合、原則として一度も対面することはありません。問い合わせる側にしてみれば、地方の中小企業である当社が、本当に信用できる相手なのか不安を感じたのでしょう。

伝統の染め技法で作られたのれん

――不安を解消するよい方法はあったのですか。

問い合わせへの対応を見直すことにしました。

当社が扱う商品は受注生産であるため、注文する前に確認したい事項は多岐にわたります。そのため、電話による問い合わせが中心でした。従来は事務所に事務員しかいなかったため、問い合わせの電話が来ると、事務員が少し離れた工場にいる職人にわざわざ確認してから返答をしていました。これでは、スムーズな対応ができません。そこで、事務所にわたしや職人が交代で待機することにしました。

染物業界は分業が進んでいるので、同業他社は下請けとして一つの工程に特化してきました。これに対し、当社では早くから各工程の作業ノウハウを蓄積し、社内で共有してきました。ですから、当社の職人は皆、染色に関するすべての工程を熟知しており、顧客からのさまざまな質問に回答できるのです。

このように職人が常に対応できる体制を整えることで、顧客の疑問点を速やかに解消できるようになりました。

デザインを提案する際にも、きめ細かい対応を心がけました。例えば、顧客のなかには事前に生地の触り心地を確認したいという方がいます。そのような場合には、生地のサンプルを送付します。また、のれんの場合には、顧客の要望をもとに設置イメージを作成し、メールで確認してもらうこともあります。

質問や要望に丁寧に対応し、不安を解消することで、問い合わせの半分程度は受注に結び付くようになりました。

こうした取り組みを続けているうちに、のれんを実際に使用する方だけではなく、店舗の設計業者やデザイン事務所などからも注文が来るようになりました。これらの顧客の特徴は、大量かつ短納期の注文が多いことです。一度に大量の注文がきた場合、当社のみでは対応しきれなくなります。

そこで、同業者に協力工場となってもらいました。当社にはかつて大漁旗の仕事を発注してくれた工場とのネットワークがありましたので、こうした工場に当社で対応しきれない仕事を依頼したのです。現在は十カ所の協力工場があります。

店舗の設計業者やデザイン事務所は、年に何回も注文をしてくれるため、当社の受注量も大幅に増加しました。

わたしはもっと多くの注文を得るために、ホームページのさらなる改良に取り組んでいきました。

染物の良さを広く伝える

――どのように改良したのですか。

これまではすべての商品を一つのオンラインショップで取り扱っていました。これを改め、商品ごとにオンラインショップを開設したのです。

具体的には、「のれんオーダー染工場」「のぼり旗製作所」「前掛け屋ドットコム」「手ぬぐい屋ドットネット」というように商品名を冠したホームページを作りました。

この狙いは、商品を購入するためホームページを訪れる人が、必要な情報に簡単にたどりつけるようにすることです。例えば、のれんが欲しい人にとって、半纏に関する商品説明やQ&Aは邪魔でしかありません。のれん専用のホームページならば、不要な情報を見ずにすむのです。

さらに、商品ごとのホームページでは、顧客が知りたい情報をトップページで強調できるという利点もあります。

半纏や法被は、身に着ける商品であるため、手入れの方法が気になります。また、祭りでの使用が多いことから、祭りに間に合うのか納期も気になるでしょう。そこで、トップページに洗濯などの手入れの方法を目立つように載せるとともに、全国の祭りの日程を載せて開催の一カ月前に注文すれば間に合うことを明記しました。

一方、のぼりは、集客のための宣伝ツールです。そこで、トップページでは、のぼりを使った集客のポイントを明示。長年ののぼり作成で培った経験に基づき、適切なアドバイスや提案ができることも強調しています。

商品ごとにオンラインショップを開設したことで、注文が増えていきました。現在の年商は、インターネット通販開始前の約四倍に増加しています。オンラインショップの売上が約七割を占めており、その多くが県外からの注文です。

これからも伝統の染めの技術を守りつつ、染物の良さを伝える商品を全国に提供していこうと考えています。

取材メモ

　同社が復活を遂げた要因は、需要の縮小する仙台周辺から全国へと商圏を広げることに成功したからである。商圏を広げる手段として、同社が活用したのがインターネット通販である。

　インターネット通販では、販売者の顔が見えないために、顧客が取引に不安を感じることが多い。そこで、技術に精通した職人が問い合わせに対応したり、希望者に生地のサンプルを送付したりするなど、きめ細かく対応した。加えて、商品ごとのホームページを開設するなど、利便性を高める取り組みも実行した。改良を続けることにより、顧客の不安や不便を解消したことが、インターネット通販の成功につながったのだろう。

　新たな取引先を開拓し、商圏を広げていきたいと考える中小企業は少なくない。オンラインショップに限らず、同社の取り組みは多くの中小企業にとって参考となるだろう。

（木川　亮）

事例 3

二つの市場を異なる手法で切り拓く

今野印刷㈱
代表取締役社長　**橋浦　隆一**

■代 表 者　橋浦 隆一
■創　　業　1908 年
■従業者数　49 人
■事業内容　パンフレット、年賀状等の印刷
■所 在 地　宮城県仙台市若林区六丁の目西町 2-10
■電話番号　022（288）6123
■ＵＲＬ　http://www.konp.co.jp

トレンドの逆転

――御社の概要を教えてください。

当社は一九〇八年に仙台市で創業し、長らく活版印刷を手がけてきました。印刷機は二十世紀に飛躍的な進化を遂げましたが、当社でも四九年にはオフセット印刷機、七五年には電算写植機を導入しました。いずれも印刷業界で広く普及する前のことです。積極的な設備投資で伸び続ける印刷需要を取り込み、業容を拡大させてきました。

しかしバブル崩壊以降、印刷需要のトレンドは減少に転じ、九四年ごろから利益が出ない苦しい時期が続いていました。当時、わたしは東京でエコノミストとして働き盛りを迎え、ニューヨーク転勤の打診も受けていました。

そんな時に、当時社長であった義父から「会社を継ぐために、仙台に来てほしい」と言われたのです。結婚したときには会社を継ぐといった話はなかったため、わたしにとって青天の霹靂《へきれき》でした。この話を受けるか大いに悩みましたが、もしも話を断り、今野印刷が万が一おかしなことになったら一生後悔すると思い、入社を決めました。

九九年四月に入社し、まずは営業として働き、業務の把握に努めました。そして、翌年に社長に就任しました。

――立て直しのためにどのような取り組みをされましたか。

まずは社内の効率化を行いました。基幹システムを導入し、販売管理業務などをIT化しました。また、印刷機も更新しました。こうした設備投資により、生産や管理の効率は大幅に向上しました。立て直しを進めるうえで大きかったのは、東北地方のコンビニで販売する年賀状印刷の話をいただいたことでした。当社は地場の企業向け印刷が中心でしたが、年々需要が落ち込むなか、消費者向け印刷も手がけたいと思っていたため、まさに渡りに船の話でした。当初は一つのコンビニチェーンだけだったのですが、他のチェーンの年賀状印刷も手がけるようになりました。現在、東北地方のコンビニで販売されている年賀状は一社を除きほぼ当社が印刷したものです。

しかし、年賀状発行枚数は二〇〇三年をピークに減少傾向にあります。今後、人口が減少し、年賀状を出す人がさらに少なくなるなかで、年賀状印刷の事業も安泰とは言えません。また、企業のペーパーレス化、iPadやKindleなど電子書籍リーダーの登場により、印刷需要はますます減少していくと予想されます。有効な手を打てずに苦しんだバブル崩壊後と同じ轍《てつ》を踏むわけにはいきません。

そこで、新たな市場を求めて、わたしが自ら東京で企業を回り、印刷需要の取り込みを図りました。しかし、当社は東京ではほとんど知られていないうえ、わざわざ遠方の当社に印刷を依頼してくれる企業はなく、諦めざるをえませんでした。

この失敗を経て、戦略を大きく変更することにしました。まず、企業から印刷受注をいただくのではなく、消費者向けに印刷物を販売することにしました。また、販売先の市場はできるだけ大きいほうが良いと考え、東京ではなく海外を狙うことにしました。過去に海外赴任の機会を逃してしまったため、個人的に海外展開への思いが強かったというのもあります。

海外に打って出る

——海外展開に勝算があったのですか。

わたしは年賀状印刷の事業で消費者向け印刷に手ごたえを感じていました。そこで、年賀状の海外版ともいえるグリーティングカードであれば、これまでのノウハウが活かせるため、勝機はあると考えたのです。

年賀状を出すのは一年に一回ですが、グリーティングカードは誕生日、クリスマス、結婚、赤ちゃん誕生、お悔やみなど人生の節目ごとに送るため、通年で安定した需要が見込めることが魅力的でした。また、海外では文化として定着しており、急激に減ることもなさそうです。

二〇一〇年から準備を始め、㈱日本貿易振興機構の協力を得て、二〇一一年二月に米国で視察を行いました。視察を無事終えて帰国し、さあこれからだというときに東日本大震災に見舞われました。

――大きな被害を受けられたのではないでしょうか。

津波による被害はなかったものの、地震によって被害が出ました。印刷機は非常に精密な機械で、刷版や用紙の位置が少しずれるだけで印刷できなくなってしまうのです。そのため、すべての印刷機が止まりました。

このようななか、海外展開を諦めることも考えました。しかし、やめてしまえば後ろ向きになり、ますます元気がなくなってしまう。大変な状況だからこそ、何か夢のあることをしたいと思い、断行することにしました。

なんとか生産を再開させ、市場調査も進めていくと、少しずつグリーティングカード事情が見えてきました。グリーティングカードの価格帯は一枚五十セントから十ドルと幅広く、平均的な価格は二~四ドル。価格の違いはデザインや紙質によるものです。廉価なものはメッセージが印刷されただけのシンプルなカード、高価なものは二つ折りで開くと文字やキャラクターが立体的に飛び出したり、音楽が流れたりします。

当社のカードは平均的な価格より少し高い五ドル程度に設定しました。低価格帯のカードはスーパーマーケットなどで大量に販売されており、とても太刀打ちできないと思ったからです。凝ったデザインにすることで、少し高くても価値を認めてくれる二十~三十歳代の女性をターゲットに定めました。

――他のカードとはどのように差別化を図られましたか。

グリーティングカードのコンセプトを「ジャパニーズ・ポップ・カルチャー」として、日本らしさを前面に押し出してみました。商品のブランド名も日本語由来で、外国人にも発音しやすい「ｔｅｇａｍｉ」にしました。

さっそく、米国の展示会に出展し、感触を確かめました。日本では展示会とはその名のとおり、展示をする会ですが、海外では即売会です。販売しながら商品の感想を聞くうちに、米国人が考える「日本らしさ」について知ることができました。米国人は、必ずしも伝統的なものだけを日本的と感じる訳ではありません。現代における日本らしさにも十分魅力を感じているのです。そこで、レトロなデザインを現代風にアレンジした「レトロモダン」を新たなコンセプトに掲げました。

その後も少しずつ商品のラインアップを変えながら出展を繰り返しました。バイヤーの話を聞き、それを商品に反映させていくことが海外展開を成功させるために最も重要なことでしょう。

しかし、毎回日本からスタッフを送り出すのは費用がかさみます。そこで、ニュージャージー州にある企業と代理店契約を結び、全米の展示会に出展してもらうようにしました。展示会への出展頻度が上がったこともあり、売上は

「tegami」の見本市

着実に伸びています。

この経験を踏まえて、欧州への進出も目指し、二〇一五年一月にはパリで行われた欧州最大のデザイン見本市「メゾン・エ・オブジェ」にも出展しました。こうした展示会には開催国以外の企業も優れた商品を求めて買い付けにくるため、さまざまな国の企業に販売することができました。展示会をきっかけに、継続的な取引に発展することもあり、現在は米国、フランス、ドイツ、台湾にｔｅｇａｍｉの取扱店があります。

東京に打って出る

——最近、M&Aをされたと伺いました。

二〇一三年四月に東京で印刷業を手がける㈱文洋社をM＆Aでグループ化しました。

当社の取引先のほとんどは東北の企業であるため、国内で最も市場規模が大きい東京に進出したいという思いはずっとありましたが、過去に頓挫したままでした。

また、東日本大震災の経験から、生産拠点を一カ所に集中させておくのではなく、分散させたいという考えもありました。そのため、東京に取引先と工場を有する文洋社は当社にとって理想的な企業でした。

当初から、東京進出の手段としてM&Aという選択肢が頭のなかにあった訳ではありません。M&Aは大企業がやるもので、当社には縁がないと考えていたからです。しかし、銀行から紹介されたセミナーに参加したところ、企業規模にかかわらずM&Aで「企業」と「時間」を買い、それらをてこに新市場に進出できることを知ったのです。後日、銀行が協力を申し出てくれたため、本格的に検討することにしました。

――M&Aというと中小企業にはハードルが高そうです。

銀行やM&Aの仲介業者が支援してくれたため、手続きなどにはさほど苦労しませんでした。むしろ苦労したのは、最適なM&A先を探すことでした。東京に本拠を構え、優良な取引先を有していることを条件にしましたが、合致する企業を見つけるまでに一年以上かかりました。しかし、そこからの手続きは三カ月ほどで完了しました。

M&A完了後、まず着手したのは当社と文洋社でそれぞれ得意分野をもち、シナジー効果を発揮することでした。当社は八色機を用いた大ロット印刷を得意としています。そこで、文洋社にはオンデマンド印刷機を導入し、スピード重視の小ロット体制にしました。両社ともIT化が進んでいたため、受注した仕事をデータでやりとりし、それぞれが得意とする印刷物を手がけることで、顧客への対応力は大きく増しました。これによって東京の顧客開拓が進んでいます。

活版印刷機

――今後の展開を教えてください。

当社が自社ブランド商品を展開するのはｔｅｇａｍｉが初めてでした。これに取り組んでみて、改めて当社の強みを認識しました。さまざまな印刷物を作ってきた技術、ノウハウ、センスこそ当社の最大の強みであり、今後もこれらを活かしていきたいと思っています。

そこで、現在取り組んでいるのは活版印刷需要の掘り起こしです。かつて主流だった活版印刷も廃れて久しく、今となってはできる企業は少ないと思います。当社には創業期から培ってきた技術やノウハウが今でも承継されており、tegamiの主力商品は、活版印刷で製造しています。一枚一枚、一色ずつ印刷するため、非常に手間も時間もかかるのですが、オフセット印刷などにはないぬくもりや優しさを出すことができます。ニッチな市場ですが、競合先が少ないため、うまく掘り起こすことができれば、大きなシェアを取れると考えています。

当社はこうした取り組みをホームページなどで発信したり、メディアからの取材を積極的に受けたりしています。これによって、新たな取引が生まれることも少なくありません。例えば、年賀状印刷の仕事も当社のホームページを見た商社からの連絡がきっかけでした。

座して死を待つのは最悪の戦略です。これからも常に新しいことに取り組み、企業の価値を高めていきたいと思っています。

取材メモ

　国内市場が縮小するなか、新たな市場を開拓したいと考えている企業は少なくないはずだ。しかし、工場や営業所を開設し、取引先を開拓していくのは至難の業である。

　そこで、同社は二つの手法を用いた。海外市場へは展示会を、東京市場へはM&Aを活用することで新たな市場の取り込みに成功した。いずれの手法も中小企業にはハードルが高いと考え、敬遠している経営者もいるのではないだろうか。しかし、現にこうして成功している企業も存在する。新市場開拓の手法にかせをはめることなく、ありとあらゆる可能性を検討することで、その道が見えてくるはずだ。

（鈴木　啓吾）

事例 4

地道な積み重ねこそが参入の鍵

㈱アイジェクト
代表取締役 **戸口 儀隆**

- ■代 表 者 戸口 儀隆
- ■創 業 1970 年
- ■従業者数 14 人
- ■事業内容 金属部品の製造
- ■所 在 地 埼玉県日高市駒寺野新田 251-14
- ■電話番号 042（989）8941
- ■U R L http://www.i-ject.com

家族経営からの出発

——御社の成り立ちから教えてください。

当社は一九七〇年にわたしの父が創業した「戸口製作所」を前身とする、金属部品製造業者です。法人化する九九年までは、家族だけで事業を営んできました。当初は電子部品などの成膜に使用する、バッキングプレートという銅製の板を製造しており、売上は特定の一社に依存していました。

わたしが入社したのは九〇年代前半です。当時はバブルがはじけた直後で、売上は急減していました。わたしに与えられた最初の課題は、新たな取引先を開拓することでした。

しかし、新規開拓をしようにも、一社依存で細々と経営していた当社には、取引のあてなどありません。とにかく近隣の工業団地などをしらみつぶしに訪問しましたが、なかなか相手にはされませんでした。

それでも、根気強く訪問を続けていったところ、ある大手電機会社の研究所から声がかかりました。その研究所は当時設立されたばかりで、近隣にある使い勝手のよい業者を探していたようです。

――どういった仕事を受注したのですか。

最初は研究所で使う治具や工具といった、簡単なものしか受注できませんでした。これまで決まった製品を納入していた当社には、これといった加工技術はありません。難しい仕事を任されるはずもなかったのです。

ただ、幸運だったのは仕事を通じて、その研究所に在籍していた技能オリンピックのメダリストの方から、教えを請う機会を得られたことです。当社の技術の幅を広げる、またとない機会となりました。さらに、近隣の協力会社とのネットワークも築けました。当社は小規模で設備も限られているため、自社ではできない加工もあります。そこで、研究所の方

バッキングプレート

から近隣のさまざまな企業を紹介してもらったのです。

こうして時間をかけて技術の幅や協力会社とのネットワークを広げた結果、次第に研究所から半導体製造装置や理化学機器の部品といった、精密な加工が必要な仕事も任されるようになります。当時は半導体製造装置の部品が好調で、当社も順調に事業を拡大できました。そして、さらなる成長を目指して九九年には法人化し、従業員も雇い入れました。

しかし二〇〇一年のＩＴバブル崩壊を機に一気に流れが変わりました。半導体関連の受注が急減したのです。わたしたちは再び、新規の取引先を開拓する必要性に迫られました。その際、さまざまな分野を検討しましたが、最終的に出した答えは、医療機器産業への進出でした。

医療機器産業への挑戦

――なぜ、医療機器産業を選択されたのでしょうか。

一つは半導体製造装置や理化学機器の部品で培った当社の精密加工技術を活かせる分野

だったためです。医療用機器は小さな不具合でも人命にかかわりますから、一つ一つの加工に極めて高い精度が要求されます。

また、将来的な需要の拡大が見込める数少ない産業であったことも魅力的でした。人口減少によって多くの分野で需要が減少するなか、医療機器産業は医療高度化や高齢化の進展により、将来的にも底堅い需要が見込めます。安定した受注を求めていた当社にとって、最適な分野といえました。

しかし、当社と取引をしてくれる医療機器メーカーを探すのは簡単ではありませんでした。当時はまだホームページをもっていない企業が多く、どの企業が医療機器分野で活躍しているのかさえ、情報がありません。そこで商談会などにも積極的に参加しましたが、なかなかマッチングができませんでした。

結局、工業団地が発行している会誌などを頼りに、関連のありそうな企業を一つ一つ訪問していきました。そして、そのなかの一社から、わずかですが人工透析機器に使われる部品の加工の仕事をもらうことができたのです。しかし、受注して初めて、医療機器産業への進出には想定していなかったいくつかの課題があることに気づきました。

――どういった課題だったのでしょうか。

一つは想定以上に手間がかかる製品だったことです。例えば人工透析機器を使う医師や看護師、そして患者がその部品のバリやざらつきが原因でけがをすれば、重大な医療事故につながりかねません。医療機器メーカーは事故を防ぐために、部品の細部にまで徹底的な気配りを求めます。精密に加工するのはもちろんのこと、部品の角を丸める、バリを徹底的に取る、表面を滑らかにするなど、使用する側の立場を考えた丹念な処理が求められるのです。

もう一つ、単価が思ったほど高くないという問題もありました。医療機器は非常に高価ですが、そのコストの大部分は開発費用や保証費、営業経費などで占められており、使われる部品の単価が際立って高いわけではないのです。それでも、エンドユーザーから見れば高価な製品であることに変わりがないので、使われる部品には最終製品の価格に見合った精度が要求されます。部品にかかる手間と単価を合わせて考えると、それほど割の良い仕事とはいえなかったのです。

しかし、医療機器産業には一度参入すれば安定した受注が見込めるという、ほかには代えがたいメリットもありました。メーカーは医療事故を懸念して、部品供給業者の新規参入をあまり受け入れません。一方で、一度評価が確立されれば、安定した受注につながります。

医療機器産業への参入のメリットは高いと考え、挑戦を続けていきました。

――参入に当たってどのような工夫をされたのでしょうか。

当社は精密加工を得意としてはいましたが、ほかではできない特殊な技術はありません。わたしたちにできるのは、ほんの少しの受注であっても、地道に一つ一つ丁寧に仕事を仕上げることでした。

例えば納品段階はもちろんのこと、サンプル段階であっても妥協せず、バリ取りや滑らかな表面加工などの処理を徹底しました。また自社だけでは出来ない加工でも、半導体部品で培ったネットワークを駆使し、納期内で仕上げるよう努力を重ねました。

もう一つ意識したのは、開発段階から関与し、顧客の意図を汲み取った製品を納めることです。当社は大手電機会社の研究所を相手に技術を磨いてきたので、開発段階から入りこんだ提案営業は得意とするところでした。そこで医療機器部品においても、いただいた図面をそのまま起こしてもっていくのではなく、開発者の意図は何か、使う側に対してどういった配慮が必要なのかを考慮したうえで、改善策をこちらから提案するようにしました。

時間はかかりましたが、こうした取り組みを重ねるうちに当社の業界内での評判が高まり、ほかの医療機器メーカーからも声がかかるようになります。そして二〇〇四年には現在も主力となっている、人工心肺装置部品の納入を開始しました。

内部管理体制を刷新

――目標としていた医療機器産業への進出に成功したのですね。

確かに医療機器部品が当社の売上に占める割合は増えていきましたが、まだ課題も残っていました。それは事業規模の拡大にもかかわらず、内部管理体制が家族経営のころから変わっておらず、医療機器部品を扱うには不十分だったことです。

例えば、医療用機器は診療科ごとに使用されるものが細分化されているので、部品も多品種小ロットになりがちです。当社の取扱い製品も非常に種類が多く、受注から製造指示、請求までの各工程に漏れがないよう、細心の注意が必要です。

ですが、当社は受注・生産・請求の各工程を別々のデータベースで運用しており、見積書の発行と作業指示書の発行、作業完了報告と請求書の発行といった工程が連動しておらず、伝達ミスが起こっていました。一歩間違えば納期を守れず、せっかく獲得した顧客からの信頼を失いかねません。

また生産管理体制も脆弱《ぜいじゃく》でした。先ほどご説明したように、医療機器の部品は大変手間がかかりますが、決して単価が高いわけではありません。しかし、少しでも手を抜けば医療事故につながりかねず、顧客からの信頼を失ってしまいます。与えられた単価で高い要求をこなすには、生産性を上げるしかありませんでしたが、当時はどの工程にどのくらいの時間をかけているのかですら、わからなかったのです。

――対応策はあったのですか。

まず、受注・生産・請求の間の伝達ミスをなくすために、バラバラに運用していた各工程の管理システムを一元化する必要がありました。当初は既製の管理ソフトを購入し運用を試みたのですが、なかなかうまくいきません。そこで、あるきっかけで出会ったＩＴコーディネーターの方に相談し、自社のやり方に合ったシステムの設計を手伝っていただきました。結果、システムの一元化に成功し、ミスは減少しました。また、受注・生産・請求の各工程で重複していた入力作業も削減することができたのです。

生産管理体制の見直しに当たっては、製品ごとに各工程の作業時間を把握する必要がありました。ですが、例えば紙ベースで各工程の作業時間を記入させると、作業が煩雑になるだけではなく、すべての工程が終了してから手書きの数字をシステムに入力するので、リアルタイムで原価の把握ができません。

そこで考えたのが、ハンディターミナルという端末の導入です。各工程の作業員は作業の開始時と終了時に、作業指示書をハンディターミナルで読み取ります。すると、各工程にかかった時間がデータとして記録されます。この工程ごとの時間に作業単価をかければ、製品ごとの粗利が把握できる仕組みです。

これにより、各作業員が自身の作業にどれだけのコストがかかっているのか一目瞭然となりました。結果として現場の目標管理にも取り組みやすくなり、小ロットかつ高品質の製品を納入できる体制を整えられたのです。

地道な営業努力に加え、こうした内部管理体制の見直しもあり、現在では医療機器部品が

ハンディターミナルによる管理

当社の売上に占める割合が五割を超えています。長い時間がかかりましたが、当社の主力事業と呼べるまでに成長したのです。

――今後の展望について教えてください。

おかげさまで、医療機器部品は当社の事業の柱となりましたが、今後も成長を続けるためには絶え間ない品質向上への取り組みが不可欠です。その一つとして、二〇一五年六月にISO9001を取得しました。今後は品質管理能力もアピールしつつ、さらなる事業拡大を目指していきたいと考えています。

取材メモ

異分野からの医療機器産業への進出と聞くと、特殊な技術や莫大な投資が必要であり、小企業にはハードルが高いと思われがちだ。だが、同社の事例からは、それらが決して必要条件ではないことがわかる。

同社は法人化して間もなく、豊富な経営資源をもつわけではない。特殊な技術があるわけでもない。だが医療機器産業進出のために、地道な取り組みを積み重ねてきた。

顧客の要望に応え、丁寧に加工した製品を納入する。開発段階から入りこみ、顧客の意図を汲み取った改良を提案する。そして内部管理体制を見直し、対応力を磨く。こうした取り組みの積み重ねこそが、同社の医療機器産業への進出を成功させた要因ではないだろうか。

成長産業への進出は人口減少時代を生き抜く有力な手段の一つである。同社の事例は、その成功のためのヒントとなるだろう。

（山口 洋平）

事例 5

技術進歩の流れをつかむピンセット

幸和ピンセット工業㈱
代表取締役社長 **鈴木 正弘**

■代 表 者 鈴木 正弘
■創　　業 1952年
■従業者数 9人
■事業内容 ピンセットの製造
■所 在 地 東京都葛飾区堀切1-33-1
■電話番号 03（3693）1245
■U R L http://www.kfi.co.jp

手仕上げのピンセット

――古くからピンセット一筋でやっているそうですね。

当社は、一九五二年に、わたしの父が幸和医科器製作所として創業しました。主に医療現場で使われるピンセットを手づくりで製造していました。

高度経済成長期に入り、工業用のものも受注するようになると、プレス機械や鍛造機械を導入して、大量生産体制を整えました。金型を内製化することで、短納期の受注にも対応できるようになりました。さらに、ステンレスの中でも磁石につかず錆びない十八－八ステンレスと呼ばれる素材でピンセットを量産する技術を開発し、病院や工場からの注文はますます増えていきました。

ピンセットは、片側ずつつくり、最後に一対の形にしています。まず、板材を必要な大きさにカットした後、プレス機で打ち抜きます。その後、金型を使って滑り止めの溝をつけたり、反らせたりしてから、付け根を溶接しています。

ただし、機械では一定のレベルまでしか加工できません。ですから、仕上げは職人が一つ一つ手作業で行います。ピンセットを手づくりしていたころから培ってきた技術や職人の長年の勘をもとに、やすりでミクロン単位の緻密な仕上げを施しているのです。

流れを簡単に説明しましたが、ピンセットができるまでには、五十～七十もの工程を経ています。

当社で生産するピンセットの種類はさまざまです。例えば、同じ医療用でも、ガーゼをつかむピンセットと、血管をつかむ手術用のピンセットでは、ピン先の丸みや細さといった形状が異なります。一時は、手術用だけで百種類以上を扱っていました。工業用でも、高温のものをつかむ場合は耐熱性を強

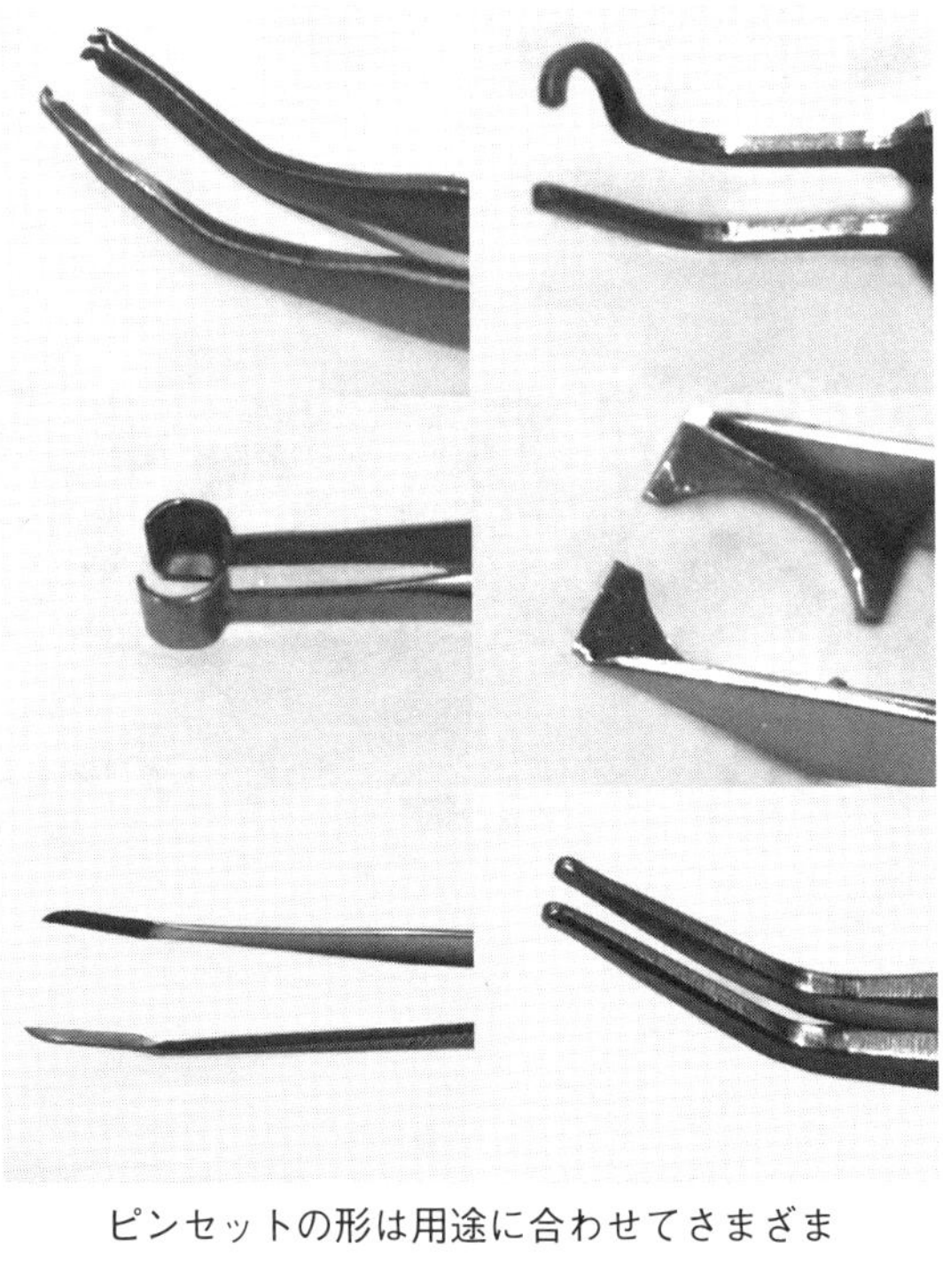

ピンセットの形は用途に合わせてさまざま

化するなど、使用する環境や対象物によって性能を変えています。

わたしが入社して間もない九〇年代前半には、売上の七割が医療用で、残りの三割が工業用でした。一種類の注文が、一度に五千〜六千本入ったこともあります。しかし、長くは続きませんでした。

――何があったのですか。

九〇年代後半に行われた国の医療制度改革です。少子高齢化の進展により医療保険の財政難が深刻化し、医療制度が見直されることになったのです。

医療機関も経費の削減を余儀なくされました。それまで、医療用のピンセットはほぼ使い捨てにされていましたが、耐久品として繰り返し使われるようになりました。さらに、簡単な医療処置には、海外製の安価な製品が採用されるようになったのです。

追い打ちをかけるように、工業用も売れなくなります。生産拠点を海外に移す企業が増え、国内の工場が減少したからです。

はじめのうちは、当社も現地生産のサプライチェーンに乗ろうとしました。しかし、コストを重視するようになった企業は、もはや、現地で行う作業に当社の製品を採用してくれませんでした。

高機能分野に売り込む

――医療用、工業用ともに受注が減ってしまったのですね。

わたしが経営に携わるようになった二〇〇〇年ごろ、売上はピーク時の四割となり、赤字に転落していました。以前は月に千本単位で受注があったのに、二、三本まで減ってしまったものもあります。

一方で、安価な製品では代替できない領域もありました。外科手術や精密加工に使われるピンセットです。ミクロン単位の精確さが求められる高機能分野では、使用するピンセットにも細心の注意が払われるからです。

医療技術の進歩に、精巧な器具は不可欠です。国内製造業の生産移転が進んでも、研究開発部門やコアとなる高度な技術は、国内に残るでしょう。そして、こうした領域でこそ、当社の技術を存分に活かすことができます。当社が生き残るためには、高機能分野で勝負するしかないと考えました。

——どのように取り組まれたのですか。

まず、品質を徹底して安定させました。当社のピンセットは、職人の手仕上げであるために、ごくわずかな誤差が生じることがありました。もちろん、製品としては支障がない程度です。しかし、高機能分野に売り込むには、さらに高いレベルで品質を安定させ、それを数字で証明することが必要だと考えたのです。

そこで、検査顕微鏡を導入し、製品を全数検査することにしました。すべてを数字で表すことで、職人の意識も一層引き締まったように感じます。

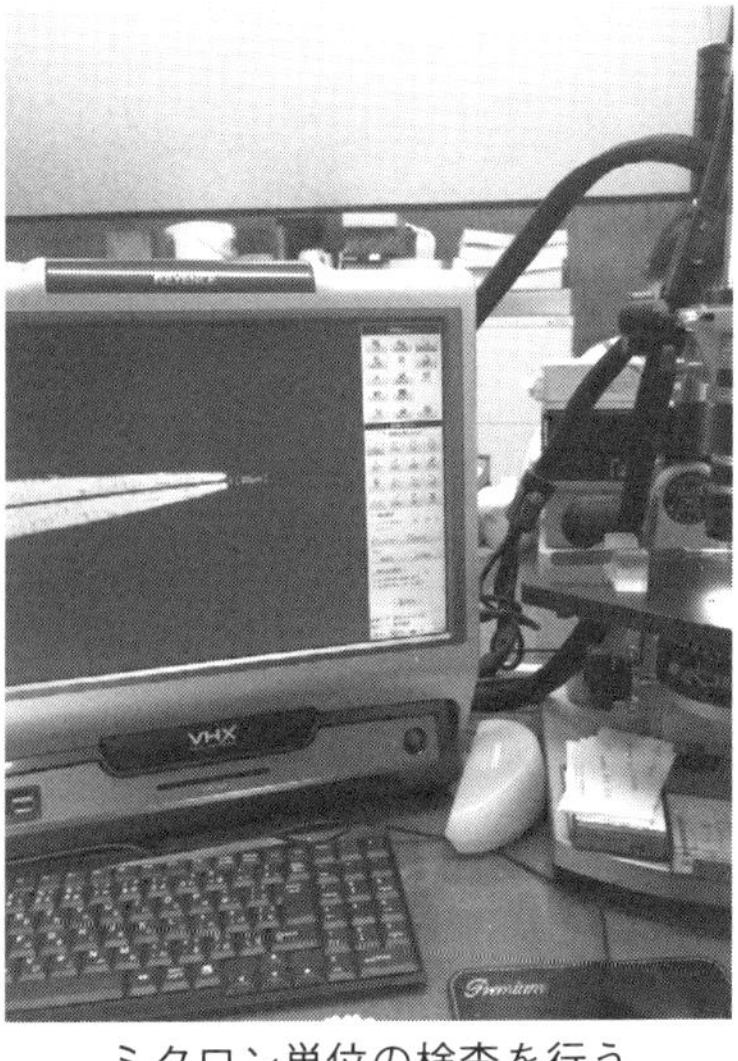

ミクロン単位の検査を行う

生産体制も見直しました。高機能分野では、一種類当たりの受注数量は多くは見込めません。また、技術の進歩に合わせて、仕様を頻繁に変える必要があります。大量生産を前提とするこれまでの体制から、多品種少量生産への切り替えが不可欠でした。

そのために行ったことは主に二つあります。一つは、多岐にわたる製造工程の洗い直しです。ピンセットは、長さや厚さが同じでも、反発力やピン先の形状は、仕上げの段階で一定程度調整できます。しかし、当社では製品ごとに細かく仕様を分けていたために、板材をプレス機で打ち抜いたり、金型で成型したりする早い段階から、製造工程を分けていました。

一種類当たりの受注が千本単位であれば、それでも問題はありません。しかし、受注本数が少ない高機能分野においては、多くの仕掛品や在庫を生むことになります。例えば、打ち抜く段階から工程を別にしている場合では、一回のプレスで大量にできる板材のうち、すぐに使用するのはわずかです。残りはすべて仕掛品として積み上がってしまいます。

そこで、まず当社が製造しているピンセットのつかむ力や反発力などを、すべて計測しました。そして、土台となる形や素材を統一できるものをグループにして、プレスや成型の工程を共通化しました。複数種類のピンセットを、できる限り後ろの工程までまとめて製造できるようにしたのです。

もう一つは、大量に保有している金型の活用です。新しい仕様のピンセットをつくるときには、通常は、金型も一からつくります。しかし、少量しか需要がない場合は、コストがあまりにも大きくなってしまいます。

このケースでは、既存の金型を再利用できないか検討することにしました。当社は金型を内製していたので、複数の金型をカットして自在に組み合わせることもできました。豊富に取り揃えている金型を組み合わせることで、たいていの受注に対応できたのです。

このように生産体制を見直したことで、高機能分野に特有の多品種少量生産に、対応できるようになりました。

さらに、当社のホームページに、ピンセットのラインアップを写真付きで掲載しました。製品の幅広さや当社の技術をアピールすることで、医療や工業といった既存分野以外の開拓も狙ったのです。

規格品から特注品へ

――効果はどうでしたか。

精確なピンセットを提供できることが評価され、受注は徐々に増えていきました。さらに、規格を定めていない製品も、ホームページを経由して特注を受けるようになりました。

特注品の依頼を受けたときは、まず、つかむ対象物の大きさや形状、硬さはもちろん、温度や湿度といった作業環境なども確認します。さらに、使う人の身長や性別、握力まで聞き取っています。同じ場所で同じものをつかむ場合でも、使う人によってピンセットに伝わる力は異なるからです。受注先とメールで図面をやり取りして、試作を繰り返しながら製品を完成させます。当社では、つかむ対象物だけではなく、使う人のことも考えたものづくりを心がけています。ピンセット一筋で積み上げてきたノウハウがあるからこそ、顧客のニーズに応じた細かな調整も可能になるのです。

こうした取り組みの結果、技術者同士の口コミからも、顧客が広がるようになりました。医療や工業以外の分野からの問い合わせが増えたほか、海外の企業から依頼がくることもあります。

――特注品はどのような用途で使われているのでしょうか。

例えば、複雑な構造の電子機器の内側で、極小の部品を組み立てるためのピンセットで

つかむ対象物にあわせて製造

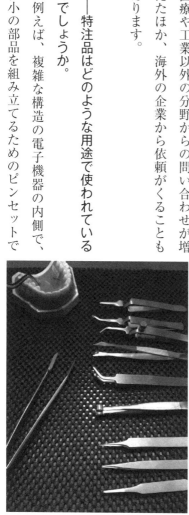

す。対象物の周りの構造に合わせてピン先を湾曲させ、狭い場所での細かい作業を可能にしました。

BSEが流行して牛の全頭検査が行われるようになったときは、先端にはさみを取り付けたピンセットを考案しました。それまでは、検体をはさみでトレーに切り落としてから、ピンセットでつかんで移していましたが、検体をつかんだまま切り取れるようにしたことで、作業時間の大幅な短縮に貢献したのです。

意外なものでは、まつげのエクステンション用があります。きつくつかんでもまつげに折れ跡がつかないようピン先を丸くしたほか、弱い力でも細いまつ毛をしっかりつかむことができるようにピンセットの把持力を高め、施術者の肩や腕にかかる負担を軽減しました。

特注品の価格は、規格品のおおよそ十倍です。規格品は卸売業者を経由して販売していますが、特注品は顧客と直接取引します。最先端技術の開発にかかわるものも多く、秘密保持契約を結ぶ場合もあります。現在、当社の売上の半分が特注品によるものです。

国内で製造されるピンセットは激減し、もはや大量生産していたころのような売上は望めない時代になりました。しかし、当社は高機能分野にシフトすることで、売上を安定させ、採算も維持できるようになりました。さらに、日本製ピンセット市場の約七割を、当社の製品が占めるまでになったのです。

――今後の取り組みを教えてください。

メンテナンスに一層力を入れたいと思っています。特注品が増えたことから、メンテナンスの依頼も多く受けるようになりました。繰り返し利用いただけるということは、それだけ当社の製品に対する評価が高いということではないでしょうか。

当社では、メンテナンスは一本から対応しています。そうすれば、買い替えのタイミングを把握することもできます。今後のアイデアとしては、デポジット機能の活用があります。ピンセットに五百円程度のデポジットをつけることで、メンテナンスや買い替えを通して顧客との結びつきを強められるだけではなく、古くなったピンセットの再資源化にも取り組めるのではと考えています。

また、ピンセットの可能性をさらに広げるために、外部と積極的に連携していこうと考えています。

実際に、当社だけでは実現不可能な形状のピンセットを、連携によってつくったこともあります。ある電子部品メーカーから、数ミリメートル四方の石英シートを、縁から〇・〇二ミリメートルだけつかんで作業したいという依頼を受けたときのことです。薄い石英シートの端だけをしっかりつかむピンセットは、当社の技術でつくれました。しかし、指定の位置より内側にピン先が進まないようにすることができません。そこで、当社が納品をしている卸売業者に、高度な溶接技術をもつ職人を紹介してもらいました。ピン先内側の、先端から〇・〇二ミリメートルの場所に、極細の針金を垂直に溶接してもらい、要望を満たすピンセットを完成させたのです。

ピンセットは人の指の代わりをする道具です。ピンセットがあることで、部品の微細化や複雑な手術、作業の効率化が可能になっています。表舞台に立つことはありませんが、当社のピンセットなくしては、実現できなかった技術も少なくありません。

医療や工業、化学など、世界の技術は発展を続け、求められるピンセットはさらに複雑になっていくことでしょう。これからも、世界の技術進歩を支える縁の下の力持ちであり続けたいと思っています。

取材メモ

取材時に、鈴木社長は「常に清廉でありたい」と何度もおっしゃっていた。人口減少時代のいま、大量生産していたときのような売上を確保することはできなくなった。国内で期待される高機能分野においても、ピンセットそのものにスポットライトが当たることはない。しかし、ピンセットは産業の発展には欠かせないものである。社長は、同社のピンセットが世界の技術進歩を支えていることに誇りをもって、地道に顧客のニーズに応じた製品をつくり続けているのだ。

技術の進歩とともに、高機能分野におけるピンセットの需要は、ますます多様化、複雑化することだろう。しかし、ピンセットを使う人に真摯に向き合う同社ならば、時流の変化によってもたらされるチャンスをつかみ続けるにちがいない。

（桑本　香梨）

事例 6

海外に日本の庭園文化を広める

小杉造園㈱
代表取締役 小杉 左岐

■代 表 者 小杉 左岐
■創　　業 1943 年
■従業者数 75 人
■事業内容 造園工事
■所 在 地 東京都世田谷区北沢 1-7-5
■電話番号 03（3467）0525
■U R L http://kosugi-zohen.co.jp

時代の変化に対応する

――御社の成り立ちから教えてください。

当社は一九四三年に創業した造園業者です。当社が所在する世田谷区には昔から高所得者が多く、三百坪以上の広さをもつ大邸宅も珍しくありませんでした。日本庭園をしつらえたものも多かったので、これらの造園工事を長く主力事業としてきました。

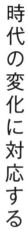

わたしが入社した六九年ごろは、まだ六、七名ほどの小所帯でした。皆、日本庭園ならではの造園技術を身につけた職人ばかりです。わたしも現場で先輩たちの教えを受け、技術を培っていきました。しかし、時が経つにつれて状況は変わっていきます。地価の上昇に伴い、相続税対策として土地の分筆が進んでいったのです。大邸宅は次第に姿を消し、当社の主力であった個人邸宅の造園工事は減少していきました。

――御社はどのように対応したのでしょうか。

海外の都市部では個人邸宅が減少し、マンションへと変わるなか、マンションの屋上やエントランスの造園工事需要が急増しました。わたしは海外視察に行った際、こうした変化を目にしたため、日本でもいずれ同じことが起こると早くから考えてきました。そこで、社長就任とともに個人邸宅からマンションの造園工事に主力事業を大きくシフトしました。

マンションの造園工事では、個人邸宅とは異なるノウハウが必要です。例えば屋上緑化工事では、耐荷重の問題に加え、屋上に向いている樹種の選択など、留意すべき点が多くあります。また沿道やエントランスに植えられる樹種やその高さによって、景観は大きく左右されます。特に、周囲の景観を損ねないような造園工事には知識と経験が必要です。これらの技術はマンションの施工を計画する際に、周辺住民との関係を良好に保つためにも重宝されます。

しかし、マンションの造園に必要なノウハウをもつ業者は多くありませんでした。個人邸宅の造園工事に慣れていた同業の職人たちは、マンションの造園工事を敬遠したのです。そのため、当社は同業者に先駆けてこうしたノウハウを身につけ、マンションの施工業者から高い評価を得るこ

マンションの植栽

とができました。結果、マンションの増加を背景に約千七百件もの物件の造園工事を手がけるまでになったのです。

技能五輪への挑戦

――時代の変化にうまく対応できたのですね。

当社はマンションの造園工事という新たな需要をとらえ、事業規模の拡大に成功しました。しかし、課題も残りました。時代の変化により年間二百件ほどある庭工事のうち日本庭園の仕事は二、三件ほどにまで減少しました。そのため、日本庭園を手がける技術が失われつつあったのです。もちろん、社内研修等で技術を伝えることはできるのですが、やはりOJTを通じて実際に日本庭園の工事や管理を学ばなければ一人前の職人とはいえません。

日本庭園は日本が誇る文化の一つです。その造園技術を絶やしてはならないと、わたしは考えました。そこでマンションの造園需要を開拓する傍ら、日本庭園の受注を増やすことはできないか模索してきたのです。しかし、今後国内で需要が増えるとは思えません。結局、日本庭園の技術伝承のためには、海外の需要を開拓するほかないと考えるに至りました。

――思い切った決断ですね。勝算はあったのでしょうか。

日本庭園という文化自体、海外においてなじみの薄いものです。また当社は海外でのコネクションをもっていなかったので、通常の営業活動をしても勝算はありませんでした。そこで思いついたのが技能五輪の造園部門に出場し、当社の海外での知名度を上げるという戦略だったのです。

技能五輪とは二年に一度、各国の技能労働者がものづくりの技能を競う国際大会です。世界的にも広く認知されており、日本を代表する大手企業も積極的に人材を送り込んでいます。これまで旋盤加工や板金加工といった種目において、日本は多くの金メダルを取得していました。ところが、造園は欧州勢が得意とする種目で、日本勢はメダルを獲得できていませんでした。ですから、日本企業が造園部門で金メダルを取れば非常に目立ちますし、日本庭園を輸出するための足がかりにもなると考えたのです。

そこで本業の傍ら、社員に技能五輪に向けた教育を行い、九九年に行われたモントリオール大会に初出場を果たしました。しかし、結果は四位に終わり、メダルは獲得できませんでした。続くソウル大会も七位に終わり、その後は国内予選すら、なかなか突破できない状況に陥りました。

――対応策はあったのですか。

技能五輪には本大会出場時に二十三歳未満までという年齢制限があります。予選が本大会の二年前に行われるので、もし高校を卒業してからすぐに練習を始めたとしても、予選までわずか二年しかありません。技能五輪の他部門でメダルを取得している大手企業の役員の方に話を伺うと、彼らは技能五輪専従の社員を早くから選出し、入社時からメダル獲得に向けた英才教育を施しているようでした。一方で、当社の社員は本業の合間を縫って、五輪に向けた練習を行っていました。時間が限られているうえに、専用の練習場所もなかったので、十分な準備ができていなかったのです。

そこで、わたしは社員が五輪向けの課題に集中的に取り組めるよう対策を講じました。まず、出場する社員を採用段階から技能五輪の専従とし、練習時間の確保に努めました。また熱海にあった研修所を一億円近い費用をかけて、造園の練習場として改修しました。こうして、出場選手に英才教育を施す環境を整えたのです。

――非常に大きな投資ですね。反対はなかったのですか。

もちろん、仕事に直結する投資ではありませんから、社内の反対もありました。しかし、わたしには日本庭園の造園技術を守り、職人の社会的地位を向上させたいという強い思いがありました。

個人邸宅の減少に伴い、造園会社の仕事はマンション施工会社の下請けという色彩が強くなります。それにつれて、受注の際には職人の技術よりも価格の安さが問われるようになりました。しかし、日本庭園をはじめとする造園の技術は世界に誇れるものです。技能五輪で金メダルを取得することは、職人の地位向上につながると信じ、投資に踏み切りました。

造園部門では三カ月前に課題となる図面が公表され、当日にその三〇%が変更された図面が配られます。それをもとに、二十二時間という制限時間のなかで庭を完成させなければなりません。出場選手は変更点も踏まえて完璧に施工する必要があります。そこで出場する社員たちには、研修所で図面を再現する訓練を何度も繰り返してもらいました。また差別化のため、欧州勢が不得意とする植物の植え付けを工夫するなどの対策も行い、多くの方にも指導協力を得ました。

こうした懸命の努力が実り、二〇〇七年の静岡大会にて、日本初の造園部門金メダルを獲得することができたのです。技能五輪へのチャレンジを決めてから、既に十年が経過していました。

日本庭園を海外へ

――金メダルの獲得によって、変化はありましたか。

これまで欧州勢がほぼ独占していた造園部門において、日本企業が金メダルを取得したことは、国内だけではなく海外のメディアでも取り上げられました。特に造園の本場である欧州の造園業界に「ＫＯＳＵＧＩ」の名が広まったのは大きな成果です。

この結果いただいたのが、アゼルバイジャン政府からの依頼でした。同国のイスマイリ州に建設予定のある公園内にシンボルとなる庭をつくるため、政府関係者が欧州の造園協会を訪ねたところ、金メダルを取得した当社の評判を耳にしたそうです。

依頼されたのは二千七百平米にも及ぶ日本庭園でした。その広さもさることながら、海外での造園工事が初めてであったこともあり、現地ではさまざまなトラブルが起きました。例えば庭づくりに必要となる資材のほとんどは現地調達したのですが、インフラの未整備などの問題もあり、思ったように届いてくれません。どうしても調達できないものは、ドイツから陸路で運ぶなどして対応しました。

また、施工後の管理も大きな問題となりました。せっかく日本庭園をつくっても、管理が行き届かずに荒れてしまっては意味がありません。しかし、現地には日本庭園を管理できる職人はいないのです。さまざまな案を検討した結果、可能な限りメンテナンスが不要である、もみじや桜といった樹種を中心に植えることで、問題に対応しました。

こうした一カ月にも及ぶ懸命な作業の末、海外で初となる広大な日本庭園を完成させることができました。光栄なことに、完成した庭園をアゼルバイジャンの大統領にお見せする機会をいただき、「大変素晴らしい日本の文化を紹介してくれてありがとう」というお言葉もいただきました。

この実績が高く評価され、現在ではアゼルバイジャン

技能五輪の表彰式

のほか、韓国やバーレーンなど世界五カ国に日本庭園を輸出しています。個人からの依頼も多く、現在はマンションの造園工事が少なくなる二～四月ごろに海外で日本庭園を手がけるサイクルになっています。

――今後の展望を教えてください。

おかげさまで、日本庭園の海外での需要を開拓することで、職人へ日本庭園独自の造園技術を伝える機会を増やすことができました。現在はさらに海外の需要を増やす素地をつくるべく、さまざまな取り組みを行っています。

一つは講演活動の実施です。多くの国の大学や同業者内の研修会などへわたしが出張し、日本文化や日本庭園に関する講演を積極的に行っています。もう一つは海外の人々を日本へ招いた研修会の実施です。各国を巡るなかで知り合った学生や同業者の方を熱海の研修所へ招き、造園の技術だけではなく日本の文化を知ってもらうための二週間の研修を定期的に行っています。

アゼルバイジャンの日本庭園

今後はこうした講演や研修などの日本文化を広める活動を続けていくとともに、十年後をめどに世界三十カ国へ日本庭園を輸出することを目標にしています。

取材メモ

同社が日本庭園という、海外の人々にはなじみのない文化の輸出に成功した要因は何か。その一因が技能五輪での金メダル獲得により、さまざまなメディアに取り上げられたことにあるのは間違いない。こうしたパブリシティーの活用は、海外に販路をもたない中小企業にとって有効な手段の一つだろう。

では、同社が技能五輪での金メダル獲得に成功した要因は何だろうか。その背景には、小杉社長の「人材こそ最大の財産である」という経営哲学がある。小杉社長は仕事に直結しない投資はなるべく控える一方、社内人材に対しては惜しみなく投資する方針を貫いてきた。この一貫した方針があったからこそ、同社は技能五輪の挑戦に当たっても社員教育や研修所の買い取りといった投資に踏み切ることができた。

同社の事例は海外進出成功の手がかりだけではなく、中小企業にとっての人材投資の重要性についても示唆を与えている。

（山口　洋平）

事例 7

ハラール認証を取得し外国人観光客のニーズに応える

王様製菓㈱
代表取締役社長 **木村 秀雄**

■代表者 木村 秀雄
■創　業 1924年
■資本金 4,800万円
■従業者数 96人（うちパート・アルバイト66人）
■事業内容 米菓の製造・販売
■所在地 東京都台東区千束2-7-5
■電話番号 03（3872）3333
■URL http://osama-do.co.jp

海外にも販路をもつ老舗の米菓メーカー

――事業の概要を教えてください。

当社は、東京都台東区に本社を構える米菓の製造業者です。あられやおかきを専門につくっており、本社近くの直営店で販売するほか、百貨店や高級スーパーなどに販路を確保しています。

国内だけではなく、欧米にも販路をもっています。戦後、進駐軍として日本に来た米国兵が当社のおかきを気に入り、「帰国後も食べたい」と要望があったことをきっかけにして、米国に輸出するようになりました。欧州には一九七〇年代に進出しており、イギリスやフランスなどで高級ホテルのバーのつまみとして重宝されています。

本社近くの直営店

米菓業界においては、米どころ新潟県を中心に大企業がいくつか存在します。中小の米菓メーカーは、資本力のある大企業との競合を避けられず、苦戦を強いられています。また、国内の菓子市場は、少子化や健康志向の高まりもあって伸び悩んでいます。さらに、今後、人口減少によって市場が縮小していくと考えられます。当社の業況が徐々に厳しくなるなか、わたしは、成長を見込める分野に打って出る必要があると感じていました。

ハラール市場に目をつける

――どのような分野に着目したのですか。

契機は二〇一〇年に訪れました。ある会合で機内食などを提供する外資系のケータリング会社の役員とお会いする機会がありました。かつて日本航空の機内食に当社のあられが採用されていたことから、話がはずみ、「今後、東南アジアは経済成長が見込まれるため、訪日客も増えるだろう。そのなかには多くのイスラム教徒が含まれるが、機内でイスラム教徒の方々にお出しできるつまみがない。ぜひ開発してほしい。そのためにはハラール認証を取得した方がよい」と勧めてきました。

ハラールとはアラビア語で「許された」という意味で、イスラム教の教えにのっとった材料や製法で調理されたものを「ハラールフード」といいます。イスラム教で禁忌《きんき》となっている豚肉や酒を使わず、調理道具や機械も、過去にそれらを調理していないことが求められます。イスラム教徒のなかには、ハラールフードしか口にしない人も多くいます。食べるかどうかを判断する際には、ハラールフードであることを示す「ハラール認証」の有無を目安としています。

わたしは、すぐに飛びつくのではなく、ハラール認証を取得するべきなのかを見極める必要があると考え、情報収集に当たりました。日本を訪れるイスラム教徒の増加の見込み、ハラール認証の取得方法、認証取得にかかるコストなどを調べたうえで、市場の将来性と市場進出の実現可能性を十分に検討し、認証を取得するべきかどうか判断しようとしたのです。

ところが当時、日本にはハラールに言及した資料が少ないうえ、日本企業が認証を取得した例も見つけられませんでした。十分な判断材料を得られず、ハラール認証の取得は断念せざるを得ませんでした。

その後、当社のブランドイメージを高めるために、「小花木撰菓《おかきせんか》」という高級ブランドをつくって一部の百貨店に出店したり、ベーコンなどで味をつけて燻製《くんせい》した「燻製おかき」を開発したり、パリの三ツ星レストランのシェフとコラボ商品を出したりと、商品力を高める努力をしていました。そうしたなか、わたしはハラール市場に再び着目するようになったのです。

――一度断念したにもかかわらず、再び着目したのはなぜですか。

日本を訪れるイスラム教徒が増加し、ハラール市場の魅力が高まりつつあったからです。二〇一二年に政府より「観光立国推進基本計画」が発表され、訪日外国人客の数を二〇二〇年に二千五百万人までに増やす目標が掲げられました。国を挙げて訪日外国人客獲得へ注力することが表明されたのです。

実際、入国査証の緩和や格安航空会社の就航に加え、円安も追い風となって、所得水準の向上が目覚ましいマレーシアやインドネシアなど東南アジアからの観光客が増えていました。これらの国々にはイスラム教徒が多いので、ハラールに対応した商品の需要は今後、増えていくはずです。

一方で当時は、ハラール認証の認証団体が日本でようやくできてきたという状況で、認証を取得した日本企業はほとんどありませんでした。多くの外国人客を受け入れているホテルや旅館でも、まだあまり対応していませんでした。他社に先んじてハラールに対応した商品を開発して市場に乗り出せば、優位に立てると考えたのです。当社が取り組むなら、土産品が良さそうです。

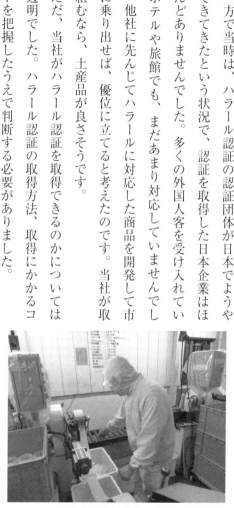

ただ、当社がハラール認証を取得できるのかについては不透明でした。ハラール認証の取得方法、取得にかかるコストを把握したうえで判断する必要がありました。

商品の規格は数値で管理

――どのようにして認証取得の可否を判断したのですか。

まずは、ハラール認証について詳しく知るため、二〇一三年四月に勉強会に参加しました。それが縁で一般社団法人日本アジアハラール協会代表のサイード先生と知り合いました。サイード先生は、パキスタンのご出身で、有機ＪＡＳの監査員を養成するトレーニングを受けておられた方です。東京大学で博士号を取得しており、日本の食品にも精通しています。

サイード先生にお願いして、当社の工場の生産ラインを見ていただきました。当社の生産の流れを簡単に説明しますと、もち米で生地をつくり、乾燥させてから油で揚げ、仕上げに味をつけます。もち米や油は植物由来であるため、揚げる工程までは問題ないそうです。しかし、一部の商品の味付けで用いる醤油とベーコンに問題があるとのことでした。醤油はアルコール分をわずかに含んでおり、ベーコンは豚肉でできているからです。また、一部の醤油だれに使っている添加物にも問題がありました。

ハラールの米菓を当社でつくるには、揚げるまでは他の商品と一緒に製造しても問題はなく、味付けの工程から生産ラインを分けたうえで、ハラールにのっとった材料で味をつければよいとわかりました。これなら、大きな設備投資をしなくても、認証を受けられそうです。

こうして、当社でもハラール市場に挑戦できるとわかったことから、参入を決断したのです。

機をとらえ実行は一気呵成《いっきかせい》に

――ハラール市場の参入に向けてどのような準備をしたのですか。

第一に、ハラール認証を取得するために、指摘を受けた生産ラインの変更に着手しました。まず、ハラール専用の味付けの工程を設けました。また、他のラインで使用している食材の混入を防止する措置をサイード先生から教わり、実施しました。さらに、ハラール認証を取得した醤油が他社で開発されていたので、仕入れることにしました。

第二に、イスラム教徒の嗜好《しこう》に合うように、味付けを調整しました。インドネシアやマレーシアに視察に行き、現地の料理を実際に食べたり、マレーシアからの留学生を招いて試食会を開いたりしました。

その結果、東南アジアは年間を通して暑いこともあって、味の濃い料理が多いことや、イスラム教徒は酒を飲まないため、嗜好品として甘いものを好むことがわかりました。そこで、現地の味覚に合わせて味を濃くしたり、甘味を加えたりしました。

第三に、土産品としての魅力を高めるために、パッケージに工夫を凝らしました。富士山と波のデザインを基調として桜をあしらい、一目で日本の商品だとわかるようにしました。名称も「東京あられ」と、買い手にも貰《もら》い手にもわかりやすいものにしました。

こうして、二〇一三年九月にハラール認証を取得し、土産品の販売に乗り出したのです。

――東南アジアへの輸出は考えなかったのですか。

当社は欧米へ輸出していたので、東京あられの東南アジアへの輸出も頭にありました。ところが、ハラールの勉強会に参加したり、現地を視察したりするうちに、ハードルが高いことがわかったのです。

まず、インドネシアなどの国々ではなかなか荷揚げをしてもらえないなど、輸送上のトラブルが起きがちです。これでは期日通りに納品できず、商品の品質も保てません。さらに、外国企業への厳しい規制があるため、販売網を確保するのは容易ではありません。

ハラール認証には世界的に統一された基準がないという

目と手で最終確認

問題もあります。ハラールの認証団体は世界に二百以上あり、一つの国に複数の団体が存在するケースもあります。さらに、団体によって基準が異なります。輸出をする国や地域ごとに認証を取得するようでは時間や費用があまりにもかかってしまい、とても手に負えません。こうしたことから、輸出には手を出さず、日本にある団体の認証取得にとどめて、日本に来たイスラム教徒向けの土産品に注力することにしたのです。

ただ、今後は認証団体が世界的に提携するようになると見込まれるため、いずれは輸出も考えられるようになるでしょう。

──販路はどのように確保したのですか。

わたしたちの地元、台東区には浅草寺があり、従来から多くの外国人客が訪れています。先代である父は、ロータリークラブの活動を通じて懇意になった浅草観光協会の会長に、東京あられがハラール認証を取得したことを報告しました。会長は、浅草仲見世通りに店を構える和菓子専門の土産品店「評判堂」のオーナーです。海外からの多様な観光客にきめ細かく対応する必要性を感じておられ、イスラム教徒向けの土産品も扱いたいと考えていたようです。そのため、いち早くハラール認証を取得した当社の東京あられを同店の商品以外で唯一、店頭に並べていただけるようになりました。

また、航空会社は必ず興味をもつだろうと思いましたので、全日本空輸に持ち込みました。その結果、二〇一四年三月から同社の国際線用のつまみとして採用されています。イスラム教徒の方々へのおもてなしが向上したと、航空会社の方々からも喜ばれています。

このほか、成田、羽田、関西の各国際空港の土産品店にも販路を広げています。ハラール認証を取得した土産品はほとんどないため、扱っていただくことができました。海外からの観光客が土産として購入するほか、イスラム圏に出張するビジネスマンが商談先への手土産として買うこともあるようです。

このように、さまざまな販路を確保できたのは、商機を察知して、他社よりも早く商品を開発したからだと感じています。

また、従業員教育の面においても大きな収穫がありました。ハラールへの取り組みを通じて、イスラムの世界を学び、その人々と交流したことで、従業員の世界観が

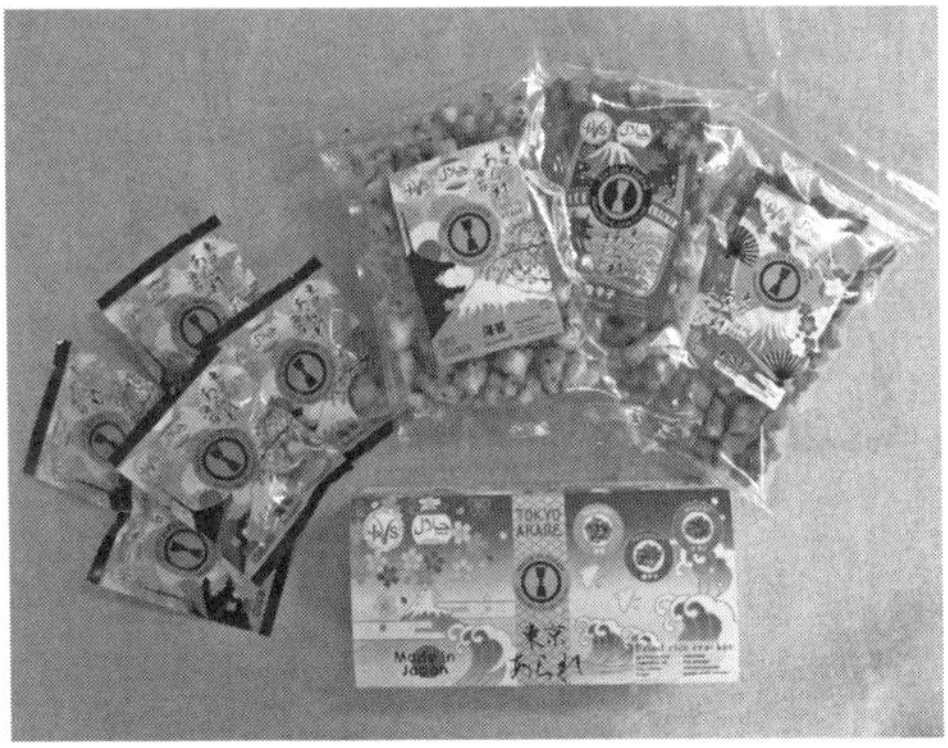

パッケージの外観はお土産らしく

広がりました。これからの日本は、多様な世界を受け入れていかなければなりません。十年前にだれが、浅草でイスラム教徒の皆さんがハラール認証のついた「あられ」を購入する風景を想像することができたでしょうか。

今後も、時代の流れや市場の動向を的確にとらえ、ニーズにいち早く対応することで、市場を切り拓いていければと考えています。

取材メモ

取材の折、木村社長から、業務に関することだけではなく、イスラム教の考え方や習慣、東南アジアの政治・経済情勢などについて詳しく教えていただいた。木村社長の日常における情報収集の熱心さを感じた。

木村社長は、最初にハラール認証の取得の話をもちかけられた際には、判断を下すうえで必要となる情報を十分に得られなかったため見送った。だが、後に政府の施策や国内外の情勢から時機をとらえ、自社での実現可能性をしっかりと検討したうえで、認証取得の決断を下した。その後、短期間で生産体制の整備と市場調査を実施して商品開発を完了させた結果、他社に先んじてハラールに対応した土産品を生み出し、販路を確保している。

同社の取り組みは、日常の情報収集をもとにした慎重な経営判断とスピーディーな実行が新市場進出の際にいかに重要であるかを物語っているといえよう。

（中村 円香）

事例 8

逆転の発想で
新たな市場を切り拓く

㈲シマタニ昇龍工房
島谷 好徳

■代 表 者　島谷 彖一
■創　　業　1909 年
■従業者数　7 人
■事業内容　金属製品の製造・販売
■所 在 地　富山県高岡市千石町 4-2
■電話番号　0766（22）4727
■Ｕ Ｒ Ｌ　http://www.syouryu.co.jp

仏具に代わる新製品を模索

――「けいす」という仏具をつくっているそうですね。どのような製品なのですか。

けいすは、お椀のような形をした金属製の仏具で、「りん」とも呼ばれます。寺院などで読経を行うときや、一般家庭の仏前で手を合わせるときに、木の棒で叩いて音を鳴らすものです。口径は、寺院向けでは約五十センチ、一般家庭向けでは約十センチです。

つくり方は何種類かあるのですが、当社では鍛金という技法を用いています。まず上部、胴体、底という三つのパーツをつくります。材料となるのは銅と亜鉛を混ぜた真鍮《しんちゅう》の板で、槌《つち》で何万回も叩いて大まかに成形します。その後、パーツを溶接してお椀の形にします。さらに、焼き鈍《なま》して叩くことを繰り返し、少しずつ形を整えていきます。そうすることで、強度が増すとともに、表面に美しい槌目模様がつくのです。最後に、美しい響きを出すために、音の高低や波長を聞きながら修正箇所を探り当て、槌で叩いて形を微調整して完成させます。

このように手間のかかる鍛金でけいすをつくるところは、現在、当社を含め数社しかありません。ですから、鍛金は大変貴重な技法であるといえます。当社の技術は、一九〇九年に創業した曽祖父から四代目のわたしまで、代々教え継がれてきました。

――御社の創業からの歩みについて教えてください。

創業当初は、一般家庭向けのけいすをつくっていました。当時は多くの家庭に仏壇があり、けいすの売れ行きも好調でした。ところが、第二次世界大戦後、仏壇のある家庭が減っていったのです。

三代目であるわたしの父は、寺院向けのけいすも手がけることで売上の減少を食い止めようとしました。ただ、寺院向けは、それほど数が出るものではありません。また、八〇年代後半になると、価格の安い海外製品が国内に入ってきました。

わたしが後継ぎとして家業に入った九六年には、一般家庭向けの売上はほとんどなくなっていました。当社は、寺院向けの修理や買い替えの需要に対応することで、何とか経営を

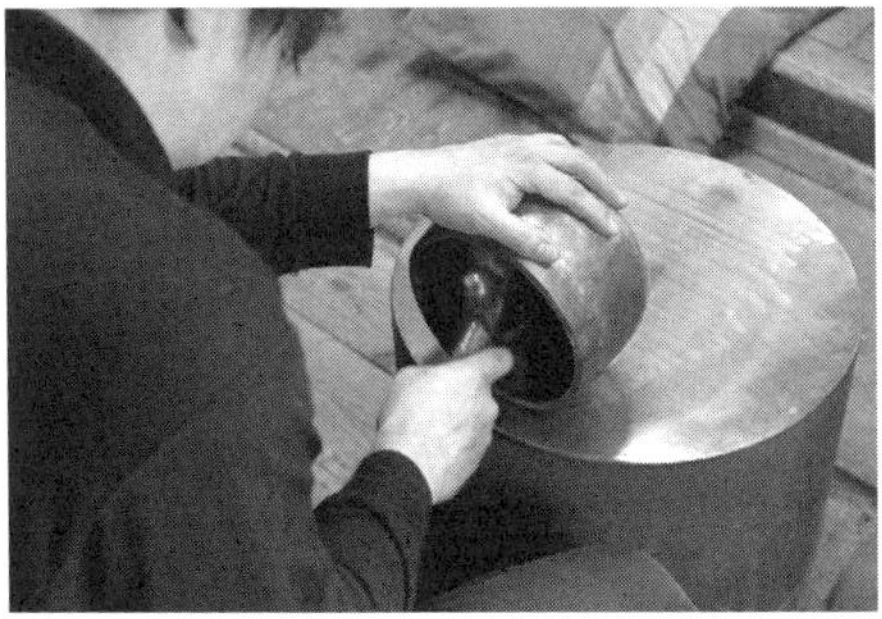

鍛金によるけいすづくり

続けていました。

手を打たないと経営が行き詰ることは容易に想像できます。近いうちに四代目となる以上、何らかの策を考えておく必要がある。そう考えたわたしは、二〇〇〇年、新製品をつくろうと決意しました。

常識にとらわれず先例のない製品を開発

――新製品のアイデアはあったのですか。

当社の強みである、鍛金を活かせるものをつくろうと考えました。真鍮などを材料とし、槌目模様をつけた食器、コースター、栓抜き、灰皿といった製品を製作しました。しかし、わたしなりにデザインを工夫してみたものの、展示会に出しても反応は芳しくありませんでした。

こうしたことが続き、特徴的な製品でないと興味を引けないと痛感しました。では、どんな種類の製品をつくり、どういったデザインを施せばよいのか。けいすだけを手がけてきたわたしには、見当がつきません。

そこで、思い切って発想を変えてみました。使い方やデザインをまるごと使い手に委ねてしまうという案はどうかと考えたのです。折り紙のようなシンプルな形にして、やわらかい金属の錫《すず》を材料に使えば、自由に形を変えられる製品ができます。

このような「使い手の好きな形に変えられる」という特徴をもつ金属製品は、先例がありません。実現できれば、デザインを自分で考える楽しみや、自分だけの使い方を生み出す喜びを、使い手に味わってもらうことができます。

アイデアの実現に向けて、さっそく開発に着手しました。

――開発は順調に進みましたか。

すんなりとは進みませんでした。入手できた厚さ二ミリの錫は、曲げるのにやや力が要ります。薄く延ばそうと槌で叩いたところ、すぐにひびが入ってしまいました。運良くひびが入らなかったものも、何回か曲げると折れてしまったのです。その理由を、錫製品を手がける会社を営んでいる知人に尋ねました。

一般に、錫製品は鋳造でつくるそうです。鋳造とは、原料を熱で溶かして型に入れ、冷まして固める加工方法です。急激な温度変化によって錫の粒子が粗くなり、その分強度が落ちます。ですから、厚さ二ミリ以下の錫製品は使えないのが常識で、より薄くするには銅や鉛を混ぜて硬くする必要があるとのことでした。

銅や鉛を混ぜると小さな力で形を変えることができません。やはり「錫だけで厚さ二ミリ以下」というハードルをクリアする必要があります。

わたしは、強度が落ちる原因を何とかして取り除こうと考えました。そして、圧延という温度変化のない加工方法を試すことにしたのです。圧延とは、複数のローラーに金属を通して延ばしていく方法です。錫の塊を圧延によって板状にし、槌で叩いたところ、少しもひびが入りませんでした。しかも、叩くことで強度を増した錫は、何回曲げても折れなかったのです。

その後、試作を重ねて製品を完成させ、二〇一三年一〇月に「すずがみ」という名前で売り出すことにしました。

――すずがみの特徴を詳しく教えてください。

すずがみは、圧延した錫を槌で数千回叩いて厚さ〇・七ミリまで薄くした正方形の板です。ここまで均等に薄くすることができるのは、金属の形を微調整する当社独自の技術があるからです。

すずがみのサイズは、十一センチ四方から二十四センチ四方まで四種類あります。表面には、美しい槌目模様を施しています。槌の種類、叩く角度や回数などを変えることによって、三種類の模様を実現しました。雪の積もった様子を表現した「かざはな」、五月の長雨の雨跡をイメージした「さみだれ」、霰《あられ》の粒を打ちつけたような「あられ」です。

最大の特徴は、好みの形に変えられることです。使い方が決まっているわけではありません。例えば、四辺を折り曲げたり中央を窪ませたりすれば、食器やアクセサリーケースとして使えます。また、くるりと丸めると一輪挿しにもなります。

すずがみを売り込むに当たり、ターゲットを考えました。当初は飲食店向けに業務用として販売することを想定していたのですが、より魅力的だと思ったのは、記念品やお土産などのギフトを扱うところです。

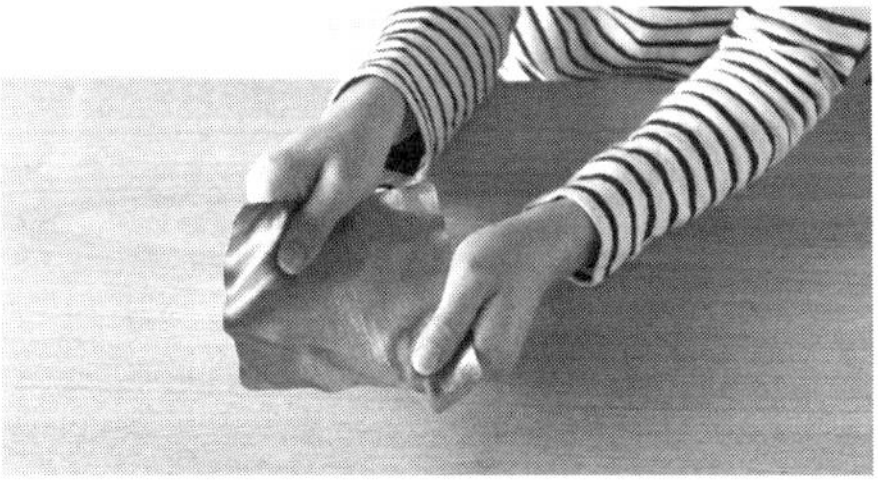

すずがみ

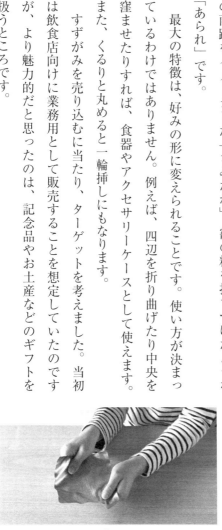

アピール方法の工夫でターゲットを取り込む

――ギフトとして売り込もうと考えたのはなぜですか。

理由は二つあります。一つは、すずがみの特徴を存分に活かせることです。人にものを贈る場合、渡す側が良いと思っても、もらう側が気に入るとは限りません。その点、すずがみならば、もらう側がデザインや使い方を決めるので、「気に入らない」と思われる可能性が低くなります。これは渡す側にとって、大きなメリットです。

手間をかけてつくるすずがみの一枚の価格は、最も小さいものでも二千円。最も大きいものでは八千八百円です。自分で使うには高いかもしれません。一方、ギフトとしてならば買ってもらえるのではないかと思いました。

もう一つは、大きな需要を見込めることです。当時は、北陸新幹線の開業を間近に控えていました。開業すれば、観光客が増えるの

器として使われるすずがみ

は間違いありません。なかでも外国人観光客は、人口減少が進む日本においても将来的に増加を見込めますし、高い購買意欲をもっています。ですから、駅や観光スポットでお土産を扱うギフトショップに、前もって販路を確立したかったのです。

ギフトショップとしても、商品のバリエーションを広げておきたいでしょう。すずがみのような珍しい商品を扱ってくれる可能性は十分あります。

こうした理由から、すずがみをギフトショーに出展しました。すずがみは、一見すると何の変哲もない金属です。そのため、特徴を積極的にアピールしなければなりません。

――どのようにアピールしたのですか。

すずがみの特徴を言葉でうまく伝えるのは簡単ではありません。そこで、使うシーンをイメージできるように、さまざまな使用例を掲載したパンフレットを来場者に配りました。例えば、中央を窪ませた大小二つのすずがみを用意し、大きいほうには蕎麦《そば》を盛り、小さいほうには薬味を入れます。また、小さく丸めたすずがみに箸を置きます。さらに、平たいままのすずがみに湯呑みをのせます。これらを並べて写真に収めれば、食事のシーンでいろいろな使い方があることを伝えられるのです。

興味を示してくれた人には、すずがみを実際に手に取ってもらいました。形を変える楽しみを体感してもらうのが、やはり効果的なアピール方法になるのです。来場者の反応は上々で、ギフトショーをきっかけにテレビで紹介されたこともあり、結婚式場やギフトショップなどで扱ってもらえることになりました。

販売を始めたあと、しばらくして、ある結婚式場から「木の箱に入れて納めてはどうか」と勧められました。それまで当社は、一律に紙の貼り箱に入れて納めていました。しかし、結婚式場で引き出物として使う場合、高級感が足りないというのです。そこで、特注の桐箱に入れて納めたところ、大変好評で注文が増えました。

このことをきっかけに、わたしはパッケージの重要性に気づきました。同じ製品でも、売る場所によって求められるものは異なります。それならパッケージも変えるべきだと思ったのです。

さっそく、お土産を扱うギフトショップのパッケージを見直すことにしました。お土産は、購入したあとに長時間もち運ばなくてはなりません。ですから、重視されるのは、「邪魔な荷物にならないこと」です。そこで、かさばらないように、レコードジャケットのようなマチ幅のない紙パッケージに入れました。すると、一度にたくさん買ってくれる観光客が増えたそうです。

すずがみは、発売後一年足らずで約一万枚売れました。最近ではテレビや新聞などで紹介される機会が増え、飲食店や旅館などから業務用食器としての引き合いも多く来ています。いまでは、当社の売上の約五〇％を占めるまでになっています。

――今後の展望についてお聞かせください。

海外展開に力を入れていくつもりです。

ギフトショップによると、すずがみは外国人観光客に人気があるそうです。形や使い方を自由に決められる製品は、海外でも珍しいからです。職人がつける美しい槌目模様に日本の伝統の技が感じられる点も、大きな魅力となっているとのことです。

また、すずがみがヒットしたとはいえ、人口減少に伴って国内市場が縮小するなかで売上を伸ばし続けるのは困難です。それならば、海外に打って出ようと考えました。

当社はすでに、シンガポール、台湾、オランダ、ドイツなどですずがみを販売しています。海外販売の比率は、いまのところ五％程度です。今後はさまざまな国の展示会でアピールしたり、パッケージを工夫したりして、海外での売上を伸ばしていきたいと考えています。

取材メモ

島谷さんは、新製品を開発する際、「つくり手が製品の形を決める」「錫は薄いと使えない」といった従来の常識にとらわれなかった。その結果、使い手が形を決める錫の板という、競合のない製品を生み出せた。

製品を売り込むに当たっては、まずターゲットを明確に定めた。そのうえで、言葉ではなくビジュアルや体験で特徴を伝えたり、一律にしていたパッケージにバリエーションをもたせて売り場によって使い分けたりした。こうした柔軟なアプローチによって、ターゲットを取り込むことに成功したのである。

新製品の開発にしても、販路の開拓にしても、「従来とは違う方法でできないか」を常に考え、頭をやわらかくして取り組めば、新たな市場を切り拓ける可能性は高まるだろう。

（立澤　隆）

事例 9

縫製技術を生かして環境分野に進出

㈱アイベックス

代表取締役社長 **松本 好明**

■ 代 表 者　松本 好明
■ 創　　業　1989 年
■ 従業者数　23 人
■ 事業内容　環境資材の製造
■ 所 在 地　岐阜県郡上市八幡町旭 1251-3
■ 電話番号　0575（66）2155
■ U R L　http://www.ibexs.com

受注減少に直面し新たな分野を模索

――現在の事業内容は環境資材の製造ということですが、もともとは縫製業を営んでいたそうですね。

当社は、一九八九年に衣料品の縫製業としてスタートしました。主に婦人服を手がけ、創業当初は売上が順調に増加していきました。

しかし、九〇年代に突入し中国への生産シフトが進むと、受注量が大幅に減少するようになりました。当社の売上は、九五年ごろにはピーク時の半分ほどにまで落ち込んでしまったのです。近隣の同業者には、廃業に追い込まれてしまうといったケースが相次いでみられました。

このまま縫製業だけをやっていても長くはもたないだろうと危機感をもったわたしは、対策を考えました。しかし、衣料品の分野はすでに競争が激化しており、自社ブランドを立ち上げるといった取り組みでは、生き残りは難しい状況でした。業績を回復させるには、全く新しい分野への進出が必要だと思われました。

――具体的なアイデアがあったのですか。

特にアイデアが固まっていたわけではありません。ただ、これまで培った縫製技術を生かすことができないか、という意識は常にありました。そうしたなか、わたしは釣りが趣味ということもあり、鮎釣りで使う網に着目しました。

友釣りという釣り方があります。これは、釣り糸をつけた囮《おとり》の鮎を川に放し、縄張りを守ろうと体当たりしてくる鮎を引っかける釣法です。釣った鮎を今度は囮として利用するのですが、弱らないよう川の水に浸した網の中で、仕掛けにつける作業を行います。

わたしはこの作業が苦手でした。川の流れで網がつぶれてしまうからです。もし、網が流水の中でも箱のような形を維持していれば、作業がしやすいでしょう。このアイデアを商品化できないかと思いました。そして、網を縫い合わせて、辺の部分に支柱となるものを入れて箱の形にしてみようと考えました。

しかし、普通の工業用ミシンで網を縫うことはできません。一つの網目に何度もミシン針が往復するので、から縫い状態になり糸が切れてしまうのです。これを防ぐには、網目一つに一度だけ針が通るようにピッチを合わせなくてはなりません。そこで、わたしはミシンを改造してピッチを調整することにより、網の縫製を可能にしました。

また、支柱には柔軟性がある繊維強化プラスチックの細い棒を採用しました。棒自体を曲げられるので、使わないときは折り畳んで携帯することもできます。こうして、箱の形をした鮎釣り用の網を完成させ、九七年に販売しました。

しかし、期待とは裏腹にほとんど売れませんでした。ただ、この商品をつくったことが、新たな分野に進出するきっかけとなったのです。

将来性を見込んで環境分野に進出

――そのきっかけとなった経緯を教えてください。

もともと取引のあった商社がこの鮎釣り用の網を見て、当社にある依頼をしてきました。それは、資源ごみを分別するボックスを、網を縫う技術を用いてつくってほしいという内容でした。背景にあったのは、九五年に成立した「容器包装リサイクル法」です。ペットボトルやガラスびんなどの資源ごみを分別回収することが義務づけられるようになったのです。

これを受けて、自治体では役所や公民館の前などに、資源ごみを分別するためにプラスチックなどでできたボックスを設置するようになりました。ただ、設置スペースが狭い都市部などでは、収集日の都度ボックスを出したり、片付けたりする必要もありました。

網の箱を使用すれば、軽いうえにコンパクトに折り畳めるのでもち運びが簡単で、保管スペースもとりません。しかも、中身が見えるので、ごみを入れる際に間違いにくいうえ、もし異物が入っていても見つけやすくなります。こうしたことから、網の箱は従来のプラスチック製のものよりも、資源ごみの回収容器に適しているというのです。

そこで、七十センチメートル四方の大きさの網の箱をつくり、もし支柱が折れても危なくないよう、支柱部分にポリエチレン製のカバーをつけました。九八年に「ゴミ回収ボックス」として商社を通して販売を開始したのです。

――売れ行きはどうでしたか。

近隣の自治体を中心に採用され、販売開始から二年後には、縫製業を含めた全体の売上の二割程度を占めるように

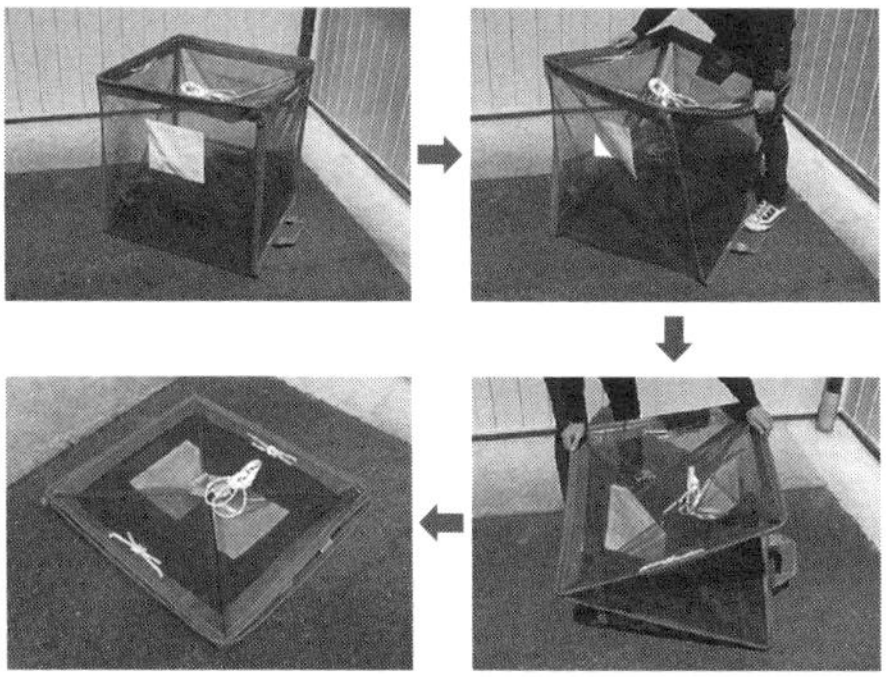

ゴミ回収ボックスの折り畳み手順

なりました。

ごみのリサイクルなどの環境分野は、今後成長していくと考えられます。関連する商品には多くの人が関心をもつことになるでしょう。わたしは、回収ボックスの製造を新たな事業の柱にするため、商社に頼るだけではなく、独自の販売ルートも開拓しようと考えました。

自治体に採用されるには、商品の信頼性を高めることが重要です。そこでまず、ごみ袋を自治体に納入している製薬会社にアプローチしました。自治体の指名業者になっている製薬会社に当社の商品を取り扱ってもらえれば、商品の信頼性が高まると考えたのです。

また、使用済みのペットボトルからつくった強度のある網で回収ボックスをつくりました。環境に配慮した商品としてアピールすることで、自治体の関心を引こうという狙いです。

このような取り組みが奏功し、順調に売上は伸びていきました。手応えをつかんだわたしは、もっと設置場所を増やせないかと考えました。そこで目をつけたのが、普段わたしたちが利用しているごみ置き場です。地域の至るところにあるごみ置き場に置いてもらえれば、市場は大きく拡大します。

調べてみると、こうしたごみ置き場は自治体ではなく、自治会が管理していることが分かりました。売り込む相手が違うと、これまで築いてきた販売ルートは役に立ちません。

不便を解消する商品を開発

――自治会に対して、どのように売り込んでいったのですか。

まずは、近隣の自治会をいくつか訪問し、自治会長にゴミ回収ボックスを勧めました。すると、資源ごみの回収よりも、むしろカラスによる生ごみの散乱に悩まされていることを知りました。

すでに対策としてよく用いられていたのが、ごみ袋の上にネットを被せ、ずれないように重しを乗せる方法です。しかしこれでも、カラスがわずかな隙間をかいくぐってごみを荒らすことがあり、必ずしも十分な対策とはいえませんでした。そのうえ、ごみを捨てるたびにいったんかがんでネットや重しをもち上げるのは、意外と不便ではないでしょうか。また、鉄やステンレスといった金属製のボックスを設置している集積所もありましたが、重いふたを開けるのは子どもやお年寄りにとっては大変です。

このような課題は、ふた付きのボックスを設置すれば、すべて解決できると考えました。強度のある網を使用すれば、カラスに破られる心配はありません。しかも、立ったまま片手でふたを開けられます。

さらに、カラス対策として売り出すに当たり、もう一工夫しようと考えました。そして、回収業者が生ごみの入った袋を回収する際も想定し、底面を除きました。回収ボックスを設置した場合、ふたを開け、上から重い袋を取り出さなければなりません。底面がなければボックスをそのままもち上げるだけで済みます。

こうして、二〇〇五年に完成したのが「カラス除けゴミ枠ステーション」です。一番大きいサイズで四十五リットルのごみ袋が約十七袋入れられます。そのサイズでも重量は約三・四キログラムに抑えたので、誰でも簡単にもち運んで片付けることができます。

カラス除けゴミ枠ステーション

販売はインターネットを活用しました。カラスの被害にあうごみ置き場は少なくありません。それを管理する自治会長が効果的な対策をパソコンで調べることもあるでしょう。そうした時に、当社の商品を見れば、購入のきっかけになるかもしれません。ですから、初めて商品を見た人でも一目でわかるよう、特長や折り畳みの手順、収容能力など詳しく掲載しました。

また、ごみ置き場の広さに合わせて選べるよう異なるサイズの商品を用意するとともに、オーダーメードでも注文できるようにしました。さらに、顧客からの要望に応えて商品の改良も重ねていきました。例えば、側面の部分にハトメ穴を設けることで、ひもを通して柱やフェンスなどにくくり付けられるようにしたり、折り畳んでもち運びやすくするため、マジックテープで固定できるようにしたりしました。

このような一つ一つの積み重ねが実を結び、ごみ置き場が狭い都市部を中心に受注が増えていきました。東京都杉並区では、それまでカラス対策として鉄製のボックスを自治会に無料で配布していました。しかし、ボックスが重いため、片付けられていないごみ置き場もあったようです。そこで、当社の商品に切り替えることになり、年間二千個の継続受注を取り付けることができました。

――最近は、さらに異なる分野の商品もつくっているそうですね。

二〇一一年にフレキシブルコンテナバッグを支えるための「フレコンスタンド」を開発しました。フレキシブルコンテナバッグとは、粉末や粒状物の荷物を保管・運搬するための袋状の包装資材です。穀物などを入れて輸送したり、土砂を入れて土のうとして使用したりします。

開発したきっかけは、建設現場でフレキシブルコンテナバッグに土砂を入れる作業を見たことです。従来のフレコンスタンドは鉄製だったため、作業員が鉄管を組んで枠をつくり、袋を重機につり下げて土砂を入れていました。しかも話を聞くと、土砂を入れると袋が枠から抜きにくい、枠自体が重いので片付けるのが面倒といった声もありました。

軽くて折り畳めるボックスがあれば、こうした問題を解決できると考え、ポリエチレンシートを使用して回収ボックスと同じ要領でフレコンスタンドをつくりました。ただ、ボックスのサイド一辺は、縫わずにひもで結ぶよう施してあります。そうすることで、ひもを緩めれば間口が広がり、簡単にボックスから袋が抜け出せるからです。

フレコンスタンド

最近では、テクセルと呼ばれる高強度の樹脂板も縫製できるようになりました。縫い合わせるとかなり頑丈な箱になるため、重要書類の保管や引っ越しなどの荷造り用として利用できます。

かつて、ピーク時に年間五千万円ほどあった縫製業の売上は、いまやほとんどありません。しかし、環境分野に進出したことで、当社の年商は二億円弱にまでなりました。

縫製というと、布を縫うことをイメージしがちですが、可能性はいくらでもあるはずです。今後も縫製技術を生かし、商品開発に力を注いでいきたいと思います。

取材メモ

どんなに素晴らしい商品を開発しても、それをうまく周知できなければ販売にはつながらない。重要なのは、相手が何を求めているのかを把握して最適なアプローチ方法をとることだ。松本さんは、実績を重視する自治体に対して製薬会社を通して販売したり、自治体が望むように商品の材料を環境に配慮したものに切り替えたりした。一方、自治会に対してはユーザーの悩みや要望を幅広く集め、それを商品に投影することで使い勝手を高めていった。こうして、同社は縫製業から環境資材の製造業へと事業を転換することに成功したのだ。

ターゲットとする相手に効果的にアプローチした同社の取り組みは、販路開拓に悩む中小企業に多くの示唆を与えてくれる。

（葛貫　怜）

事例 10

異分野の発想と技術で業界の常識を覆す

㈱近藤機械製作所
取締役会長 近藤 信夫

■代表者 近藤 豊
■創　業 1947年
■従業者数 32人
■事業内容 金属部品の製造
■所在地 愛知県海部郡蟹江町舟入 1-130
■電話番号 0567（95）1343
■URL http://www.kondo-kikai.co.jp

航空機分野への挑戦

――御社の事業内容について教えてください。

当社は一九四七年にわたしの父と伯父が創業した金属部品製造業者です。創業時は自動車関連企業の下請けとして、ばねの金型や治具の製造を手がけていました。その後、技術を磨き続けた結果、自動車部品以外に、ミクロン単位の精度が必要とされる超微細加工もできるようになりました。

当社の強みは、それぞれの加工に合わせた設備を独自に設計できる技術力です。いまでは世界標準となっている、ハードディスクの駆動用モーター部品も、当社が設計した設備により、はじめて量産が可能となりました。当社の技術力はさまざまな業界で高く評価されてきました。

しかし技術への評価とは対照的に、二〇〇〇年代に入ったころ

になると、業界を取り巻く環境の厳しさから、当社の業績は低迷していきました。主力であった自動車関連部品などが取引先の海外展開等により徐々に縮小していったのです。生き残るためには、当社の技術を活かした新たな分野を探す必要がありました。そして進出したのが航空機分野でした。

――進出を考えたきっかけは何だったのでしょうか。

二〇〇五年ごろに、ある大手企業から航空機用エンジンに使われるベアリング部品をつくれないかという依頼がありました。ベアリングとは、モーターの回転軸を支える重要部品で、軸の回転効率を左右します。依頼のあった部品は非常に硬く、粘っこい材料のため加工時に発生する歪みが非常に厄介な製品で、どの企業も対応できなかったそうです。

そこで、わたしたちは歪みを生じさせない加工治具を独自に設計し、注文に対応しました。先方は従業員三十人程度の中小企業が難加工を実現したことに驚いたようです。結果、継続的に航空機用のベアリング部品を発注してくれるようになりました。

この出来事をきっかけに、航空機分野が、当社の技術力を活かす道なのではないかと考えるようになりました。航空機部品は極めて高い技術力と生産管理体制を要求されますが、一度ハードルをクリアすれば、安定した受注が見込める分野です。勝負する価値はあると思いました。

そこで、航空機分野独自の品質管理規格であるＪＩＳ Ｑ ９１００の取得に向けて人員体制を整えるとともに、高い品質水準をクリアするために検査機器などの設備を導入します。社員の研修費用や設備投資により資金負担は重くなりましたが、ここが踏ん張りどころだと考え、耐えていきました。

航空機部品のアイデアを応用する

――航空機分野進出に向けた取り組みの成果はいかがでしたか。

取り組みのかいもあり、二〇〇九年にはＪＩＳ Ｑ ９１００を取得するとともに、世界的に有名なジェットエンジンメーカーであるロールス・ロイス社の認証工場にも選ばれました。しかし、航空機部品が売上に占める割合は一〇％程度にとどまり、すぐに業績の柱とはなりませんでした。

航空機は製造に時間がかかるうえに、耐用年数も長期となります。一度部品として採用されれば、メンテナンス時に発生する更新部品も含め長く安定した受注となりますが、獲得までに時間がかかるのです。

そうしたなか、二〇〇八年のリーマン・ショックにより、当社は大打撃を受けます。主力事業であった自動車関連部品やハードディスク部品を中心に、リーマン・ショック後の売上は前年度の二五％程度にまで激減しました。当然、航空機器部品の製造だけで支えられる落ち込みではありません。

航空機分野への進出に際して多額の設備投資を行い、体力が弱っていった当社は厳しい状況に追い込まれました。売上の落ち込みを補うため、航空機部品と並ぶ新たな分野を模索する必要に迫られたのです。

――対応策はあったのですか。

もちろん、新しい分野など、そう簡単に見つかるものではありません。しかし、偶然の事故をきっかけに、まったくの異分野である自転車の「ハブ」に目をつけたのです。

ハブとはホイールの中央にある、車輪を支持して回転させる部品で、その中心になるのがベアリングです。ペダルを踏んだ際の回転効率を左右します。

わたしはロードバイクが趣味で、社内の人間とよく大会に参加していました。ある日、皆と一緒に大会に出たところ、弟が大会中にハブを壊してしまったのです。設計者でもある弟は自分で修理しようと分解したところ、数十年前から構造がほとんど変わっていないことに気づきました。

ハブはロードバイクの車輪の回転効率を左右する重要部品です。にもかかわらず、ハブの構造が昔のままということに驚きました。そして、当社が航空機エンジンのベアリング部品製造を通じて、身につけた技術を応用すれば、これまでにない高性能のハブをつくれるのではないかと思ったのです。

ロードバイクは非常にお金のかかる趣味ですが、愛好者のなかには走行性能向上のためならば出費を惜しまないという層が少なからず存在します。多少高くとも、どこにも負けない性能のハブをつくれば、売上は見込めるはずだと考えました。さらに、徹底的に性能を追求した高価格帯のハブは、前例がありませんでした。競合が少なく、中小企業でも、十分勝負できる分野だったのです。

航空機部品と並ぶ事業の柱とすべく、高性能ハブの開発に取りかかりました。開発に当たっては、これまでにない高い回転効率の実現を目指しました。そのために、最新鋭の技術を詰め込んだベアリングをハブへ組み込みました。さらに回転軸に精密な加工を施すことで、摩擦や振動を最小限にまで抑え込むとともに、自社で開発した走行テスト機を用いて、何度も改良を加えていったのです。こうして、時速三百キロメートルにも耐えうるハブの開発を実現しました。しかし、ここで障害になったのがベアリングの強度です。回転効率を上げるために採用したベアリングは非常に精密な構造となっており、ペダルを踏み込んだ際の荷重に耐えられなかったのです。

解決の糸口になったのは航空機エンジンに採用されていた、弾性体サスペンションとよばれる構造でした。ベアリングの外側にクッション構造をもたせ耐久性を上げるものです。鳥などがエンジンに吸い込まれることで起こる事故に対応するために開発されました。こうした技術を応用することで、従来以上の回転効率と耐久性を兼ね備えたハブを開発できたのです。

走行テスト機

こうして、二年にわたる開発期間を経て、二〇一一年にGOKISOのロードバイクハブの販売を開始しました。ブランド名のGOKISOはわたしと弟が生まれた名古屋の町名「御器所《ごきそ》」に由来します。

異分野の発想と技術で業界の常識を覆す

――売れ行きはいかがでしたか。

当初の売れ行きは芳しくありませんでした。価格の高さも理由として挙げられますが、それ以上に障害となったのが重量でした。回転効率を重視し、さまざまな機構を組み入れた結果、通常のハブに比べ、二倍以上重くなってしまったのです。

ロードバイクの世界では、車体を軽くすることが何よりも重視されます。ハブの構造が昔と変わらず、回転効率の追求が疎かにされていたのは、業界における軽量化至上主義が原因だったのでしょう。

実際、ある有名な商社へ売り込みにいったところ、製品をもっただけで「この重さでは誰も買わないよ、近藤さんあなた正気ですか」と言われてしまいました。いくら回転効率をアピールしても、試乗すらしてもらえないのです。

しかし、わたしたちは「たとえ重くなっても、それを上回る回転効率を実現できれば、走行性能は上がるはずだ」と考えていました。業界の常識とは異なりますが、理論上は可能なはずです。

商社に取り合ってもらえなかったので、われわれには直接ユーザーに訴えかけるしか手段がありませんでした。そこで、全国の専門店へ無料で製品を貸し出し、来店客に試用してもらうようお願いして回りました。さらに各地のレースで行われる試乗会に積極的に参加し、ユーザーに直接、GOKISOの性能をアピールしたのです。

最初は試乗会に参加しても、ほかの有名ブランドの試乗には列をなしているのに、当社のブースには誰も興味を示さないという状況が続きました。しかし無理を言って当社の製品を組み付けたロードバイクに試乗してもらうと、反応が変わります。ほんの少しの力で滑らかに走り出すことに、皆驚いてくれたのです。

ロードバイク市場は口コミの影響が大きい世界です。試乗会への参加を地道に続け、性能をアピールした結果、徐々にわたしたちのブースにも列ができるようになりました。時間はかかりましたが、愛好者のなかでＧＯＫＩＳＯの知名度が上がっていったのです。
さらに、知名度を上げたきっかけは、トップレーサーの森本誠選手が、ＧＯＫＩＳＯの製品を組み込んだロードバイクに乗り、乗鞍ヒルクライムという国内最高峰のレースで優勝したことです。軽さが最も重視されるヒルクライム競技において、ＧＯＫＩＳＯハブが重量を上回る回転効率をもつことを証明できたのです。

GOKISO のハブ

その後、森本選手は海外のレースでも好成績を収めており、その影響からほかの国内トップレーサーのなかにも当社の製品を愛用する人が増えています。こうした宣伝効果もあり、ＧＯＫＩＳＯの売上は全体の二割を占めるほどに成長しました。航空機部品の売上も三割を超えるまでになり、ともに新たな事業の柱となったのです。

――今後の展望を教えてください。

おかげさまで、ＧＯＫＩＳＯブランドは国内のロードバイク市場にて、高価格帯の高性能ハブという独自の地位を確立しました。われわれが狙っているのは、ロードバイク愛好者のなかでも、性能向上のためには出費を厭《いと》わない層ですが、このなかには、アクティブシニアと呼ばれる人々も含まれています。アクティブシニアは時間やお金に余裕があり、消費意欲が高く、高齢化が進む国内において拡大が見込める数少ない消費層です。今後が期待できます。

また、国内だけにとどまらず、海外のロードバイク市場獲得への取り組みも始めています。国内で愛好者が増えているロードバイクですが、ヨーロッパを中心とした海外ではもともとポピュラーで、競技人口がたくさんいます。すでにドイツ、台湾、シンガポールといった国々への販売を始めており、今後も販路を広げていく予定です。国内と同じく、当社ならではの発想と技術を詰め込んだパーツで、海外市場に切り込んでいきたいと考えています。

取材メモ

新分野進出を成功させた、同社の取り組みのポイントをまとめよう。

一つは勝負するに当たって、競合の少ないニッチな分野を選択したことだ。ロードバイク市場では、世界中の企業が激しい競争を繰り広げている。しかし、ハブはほかのパーツと比較するとあまり重視されておらず、性能を追求した高価格帯のハブに至っては前例がなかった。

もう一つは異分野ならではの発想と技術を活かしたことだ。同社は重量だけでパーツ性能が評価されがちな業界に、「重量を上回る回転効率をもつハブ」という常識にとらわれない発想をもち込んだ。さらに航空機部品で用いられた技術を応用することで、製品化を実現した。

同社は国内市場において、独自の地位を築いた。だが、海外進出への取り組みはまだ始まったばかりだ。GOKISOの性能は世界のロードバイク市場の常識をも覆すのか。今後の活躍に期待したい。

（山口 洋平）

事例 11

海外の人々を魅了する茶筒

㈱開化堂
取締役 八木 隆裕

■ 代 表 者 八木 聖二
■ 創 業 1875 年
■ 従業者数 12 人
■ 事業内容 茶筒の製造・販売
■ 所 在 地 京都府京都市下京区河原町六条東入梅湊町
■ 電話番号 075（351）5788
■ U R L http://www.kaikado.jp

百四十年前から変わらない茶筒

——お茶の葉を保管する茶筒をつくっていると聞きました。

イギリスから伝わったブリキの加工技術をもとに、創業者が茶筒をつくったのが始まりです。一八七五年の創業以来、ほとんど製法を変えずにつくり続けてきました。

茶筒の材質には、ブリキのほかに真鍮《しんちゅう》や銅などがあります。工程としては、板状の金属を裁断し、筒状に丸めます。それに底をはめ込み、はんだ付けをします。大きさに合わせた上蓋《うわぶた》をつくり、蓋の閉まり具合を調整します。最後に、光沢が出るように丹念に磨いて完成です。

簡単に思えますが、実際の工程は百三十以上にも及び、職人の手づくりでしかできない工程がたくさんあります。例えば、当社の茶筒は上蓋を筒に乗せると、重みで上蓋がゆっくりと落ちていき、自然に閉まるようになっています。上蓋が自然に閉まるほどの微妙な隙間をつくりつつ、高い気密性を保つには、熟練の職人による調整が不可欠です。

小売価格は一万円から二万円と安くはありませんが、一度購入すれば数十年使い続けることができます。茶葉はもちろん、コーヒー豆やパスタなどの保管にも使っていただけます。

――納入先はどのようなところなのですか。

百貨店やセレクトショップなどが主な納入先です。もともと一九九〇年ごろまでは、茶専門の大手小売店に数多くの茶筒を納めていました。しかし、バブル崩壊後にギフト用の需要が落ち込んだため、売上が三分の二ほどまで減少したのです。

その後、父が百貨店で実演販売などをしながら、高級品を売り込むようになりました。わたしも家業に入ると、新規販売先の開拓に力を入れました。セレクトショップなどに営業をかけ、少しずつ販売先を増やしていったのです。

しかし、人口減少により国内市場が縮小するなか、このような販路の獲得にも限界があります。そこで、海外需要の開拓に活路を求めたのです。

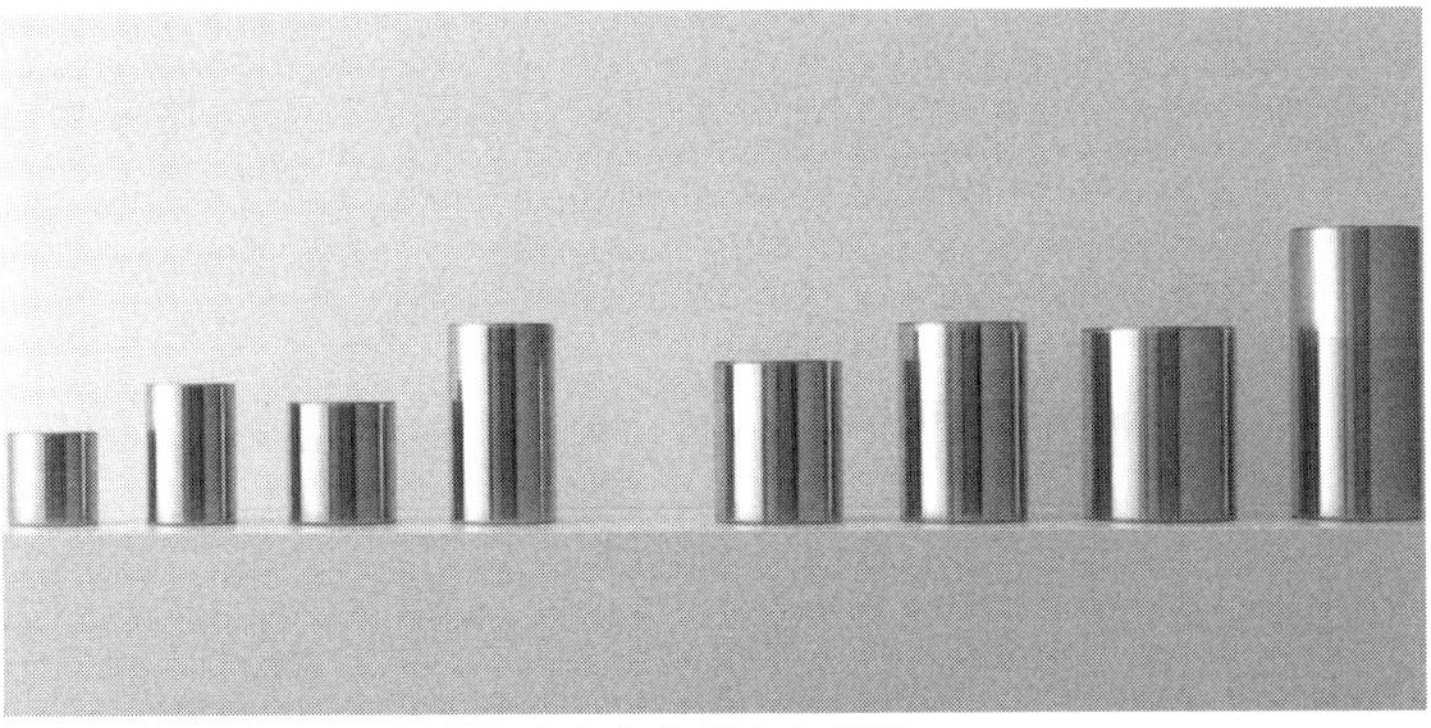

大小さまざまな茶筒

実演販売で需要をつかむ

――どうして海外を意識するようになったのですか。

家業に入る以前、わたしは京都市内の土産物店で働いていました。そこで茶筒を購入する外国人をよく目にしていたことから、茶筒の海外展開に可能性を感じたのです。

まずは、日本の商品を取り扱う海外の雑貨店に、少しずつ茶筒を納入していきました。すると二〇〇六年、茶筒を見たイギリスのティーショップのオーナーから、茶筒を購入したいと連絡があったのです。イギリスでは有名なティーショップであるポストカードティーズ社でした。

ポストカードティーズ社のオーナーは、当社と継続的に取引したいとわざわざ京都まで訪ねてきてくれました。オーナーに話を聞くと、長い歴史があることや職人が手づくりしていることに大きな魅力を感じたそうです。

ならば、実際に茶筒を使うイギリスの人にも、茶筒の歴史や職人の技術を知ってもらいたいと思いました。そこで、オーナーの協力を得て、わたしがロンドンにあるポストカードティーズ社の店舗で実演販売を行うことにしたのです。

――実演販売とは何をするのでしょうか。

お客さまの目の前で茶筒をつくってみせながら、機能や製法、歴史などを説明します。オーナーにパーティーという形で人を集めてもらい、その人たちに実演販売をしました。すると、茶筒の成り立ちや、どのように技術を継承してきたのかといった歴史に対し、特に興味をもってくれました。実演販売は成功し、滞在した二週間で数十個売ることができたのです。

続いて、フランスでも実演販売を行うことになりました。フランスでケーキ店を展開する知人のパティシエから、相談があったのです。彼がパリの百貨店に売り場をもっていたので、そこで実演販売をすることになりました。

しかし、こちらでは苦戦しました。日本人らしい格好をしてほしいという要望があったため、作務衣《さむえ》を着て売ることに

実演販売の様子

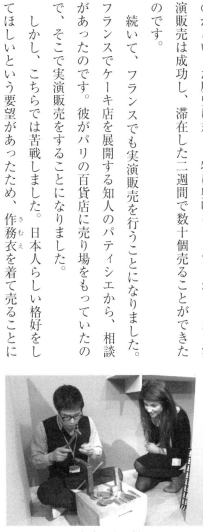

なったのですが、人はなかなか集まりません。現地の小学生には忍者とからかわれる始末でした。

――大変な状況ですね。どう乗り切ったのでしょうか。

まずは、茶筒は特別な商品ではないと感じてもらえるように、普通の服を着て売りたいとお願いしました。

準備を整え、再び実演販売をしました。百貨店のお客さまは茶に興味があるとは限らないので、茶葉以外にコーヒー豆やパスタなども保存できることや、丈夫で数十年使えることを説明しました。言葉がわからないときには持参した辞書で調べたり、一緒に販売してくれたフランス人に助けてもらったりしました。すると、コーヒー豆の保存用に使ってみたいという人が出てきたのです。その人たちに対し、今度はイギリスの時と同様、茶筒の成り立ちや技術の継承といった歴史を話しました。結果、茶筒を気に入った人が買ってくれたのです。五十万円ほどの売上になりました。

また、実演販売をするなかで、注目される点が日本とは違うと気づきました。日本では、実演そのものや職人の高い技術に関心が集まります。一方、イギリスやフランスでは、茶筒の歴史やエピソードが重要視されます。例えば、祖母が買った茶筒を孫の代まで大事に使っているという話をしたときに、大きな共感が得られました。機能は当然のこと、その背景まで伝えることの大切さを知りました。

この経験を経て、本格的に海外展開しようと決めました。二〇〇九年のことです。

時間をかけてブランド力を高める

――海外展開するに当たってどのような戦略を立てたのですか。

当社の茶筒を知ってもらうには時間がかかります。結果をすぐに求めることはせず、三年かけて販売先を確保し、五年後に海外の売上を全体の二割にまで引き上げるという目標を立てました。

まずは、茶筒の知名度を高めつつ、販路を開拓するため、見本市に出展することにしました。当社の茶筒は高価ですから、知ってもらうだけで売れるとは限りません。併せてブランド力も高める必要があります。そのために、それぞれの国の内部で大きな影響力をもつバイヤーが集まる見本市を探しました。販売力や宣伝力のある店舗に茶筒を置いてもらうことで、ブランド力が高まると考えたのです。さらに、多くの人に知ってもらうため、メディアの注目度が高いことも条件です。これらに当てはまる見本市を検討した結果、フランスのパリで開催されている「メゾン・エ・オブジェ」に出展しようと決めました。

メゾン・エ・オブジェは、世界中から約三千社が出展し、八万人以上が来場する雑貨の見本市です。出展するためには厳しい審査を通過しなければなりません。

ただ出展するだけではなく、来場者の多いホールを確保することも重要です。しかし、人気のホールは、審査もさらに厳しくなります。そこで、メゾン・エ・オブジェに出展経験のあるインテリアデザインの会社にアドバイスをもらい、美しいデザインのスタンドを設けてブースをきれいに見せるなどの対策を練りました。さらに、その会社に当社が出展できるように働きかけてもらったこともあり、将来性のある商品、デザインに優れた商品などが集まる注目度の高いホールに出展できたのです。

開催期間中は、商談よりもメディアへの対応を重視しました。特に、伝統ある商品を紹介するインテリア雑誌などの取材に対し、積極的に茶筒をアピールしました。格式の高いメディアに取り上げてもらうことで、ブランド力を高められるからです。実演販売の経験から、茶筒の機能だけではなく、歴史やエピソードについても詳しく話しました。開化堂の茶筒は、生活に役立つだけではなく、深いバックグラウンドをもつ商品であると伝えるように心がけました。

――結果はいかがでしたか。

狙いは当たり、各国のメディアに取り上げられました。そして、次の年に再び出展すると、メディアの情報を聞いたバイヤーからの引き合いが一気に増えたのです。

バイヤーとの商談も工夫しました。多くの人が行き交う会場内では、じっくり交渉をしている時間はありません。そこで、ブースに来たバイヤーには、名前を彫った茶さじを名刺と一緒に渡しました。これだけでもバイヤーの記憶に残り、接点をつくるチャンスが増えます。展示会の後には、必ず食事の約束を入れるなど、地道な営業を続けました。

すると、三年目の出展時に成果が出始めました。いくつ

見本市のブース

かの高級セレクトショップや、フランスの老舗百貨店であるボン・マルシェとの取引が成立したのです。

これらの店舗は、その国で大きな情報発信力をもっています。こうした高級セレクトショップや百貨店が茶筒を素晴らしい商品だと紹介してくれると、それ以外の販売先の獲得も進めやすくなりますし、消費者への認知も飛躍的に広がります。こうして、ヨーロッパでの売上が次第に増えていきました。

ヨーロッパの次は、アジアへ進出しました。最初に、台湾の販売代理店を通じてイベントを開催しました。続いて、上海の見本市にも出展しました。

ヨーロッパでブランド力を高めた結果、アジアではスムーズに販路を開拓できました。ヨーロッパで価値を認められた商品を積極的に購入してくれる傾向があるからです。特に台湾では人気があり、イギリスと並んで売上が多い地域となりました。

このような戦略で海外展開を進め、現在では十五カ国で茶筒を販売しています。また、海外で高い評価を得たことで、国内の売上も増えました。

その結果、全体の売上は、わたしが家業に携わり始めたころの二倍になりました。そして、海外での売上を二割にするという目標も達成できたのです。

――最後に今後の取り組みについて教えてください。

わたしと同じように京都の伝統工芸を受け継いだ若手経営者たちが集まり、「Ｇｏ－ｏｎ」というプロジェクトを立ち上げました。このプロジェクトは、海外の有名デザイナーと共同で新商品を開発したり、外国人の方に伝統工芸への理解を深めてもらったりすることで、京都の伝統工芸の活性化を図ることを目的としています。

その一環として、「Ｂｅｙｏｎｄ Ｋｙｏｔｏ」という取り組みを始めています。外国人観光客をターゲットに、工房での製造体験や、寺院での座禅体験などをしてもらい、京都のさまざまな文化に触れてもらうという体験型ツアーです。第一回目は三十名ほどの参加がありました。こうした体験型ツアーは、当社だけではなく京都の工芸界、さらには京都全体を盛り上げることにつながると考えています。

当社では「あと百年茶筒をつくる」ことを目標にしています。そのためには、国を問わず需要を開拓し続けることが不可欠です。これからも、茶筒の魅力を伝えながら、世界中の人に届けていきたいと思います。

取材メモ

同社が海外展開で成功したポイントは二つある。一つは、本格的に海外へ売り込む前に、八木さんが海外の消費者へ直接アプローチしたことで、茶筒がもつ背景を伝えることの重要さに気づいた点だ。

もう一つは、販売戦略をしっかり組み立てたことだ。ブランド力を高める戦略をとり、その戦略に合致した見本市をきちんと見定めた。出展の際にも、最初は販売することよりも、メディアを通じて茶筒の魅力を伝えることを優先した。結果、当初は時間がかかったものの、その後は順調に販路を広げていった。

八木さんがイギリスで初めて実演販売をしてから九年。海外展開を成功させるにはこれだけの時間がかかる。一朝一夕ではなく、長い目で取り組むことが求められるのだ。

（分須　健介）

事例 12

現場の声を取り入れたドラムで海外に挑む

㈱サカエリズム楽器
代表取締役 中田 栄蔵

■代 表 者 中田 栄蔵
■創　　業 1925 年
■従業者数 25 人
■事業内容 ドラムの製造・販売
■所 在 地 大阪府大阪市東住吉区今川 4-21-27
■電話番号 06（6702）1257
■U R L http://sakaedrums.com

ＯＥＭを通じてドラム製造の技術を磨く

――御社の事業概要について教えてください。

当社はわたしの祖父が一九二五年に創業した、ドラムの製造業者です。もともと祖父は楽器の輸入卸を営んでいましたが、当時は日本にドラムを製造できる業者が少なく、あまり競合がない点に目をつけたようです。製造に進出した後は、マーチングドラムなどの教育向けをメインとして少しずつ事業を拡大していきました。

七〇年代に入ると、当社の事業は急拡大しました。きっかけはある大手楽器メーカーのＯＥＭを開始したことです。当時、日本製のドラムは安価ながらしっかりとしたつくりで世界中に確固たるブランドイメージを築いていており、売上を大きく伸ばしていました。

開始当初は、自社ブランドのドラムも並行して製造していたのですが、次第にＯＥＭ対応だけで手が一杯となり、先代である母の時代には自社ブランドの生産はなくなってしまいました。しかし、大手楽器メーカーのＯＥＭに携わったおかげで、当社はドラム製造に関する高い技術を磨けたのです。

――ドラム製造にはどういった技術が必要とされるのですか。

例えば、ドラムの要ともいえるシェルづくりの技術です。シェルとはドラムの胴体部分を構成する木製の部品を指します。合板を何枚か重ねて円筒型に成形してつくられるのですが、重ねる材の種類や枚数、別の材との組み合わせにより、音色が変わってきます。当社では継ぎ目も平滑に製作する事で、胴体の強度を高めています。また、ドラムには多くの金属部品が使われており、部品の重量や取り付け位置によっても音の響きは変わります。当社では長年の経験をもとにそれらを工夫し、ユーザーが求める音を実現しています。大手楽器メーカーのもとで、長年にわたり世界に通用するドラムのOEMに携わってきたからこそ、蓄積できた技術といえるでしょう。

しかし、八〇年代に入ると風向きが変わっていきました。低・中価格帯品の製造が台湾・中国などの海外へ移行し、受注量が減少したのです。当社は高価格帯品のOEMに集中し、何とか生き残りを図りましたが、売上の減少は

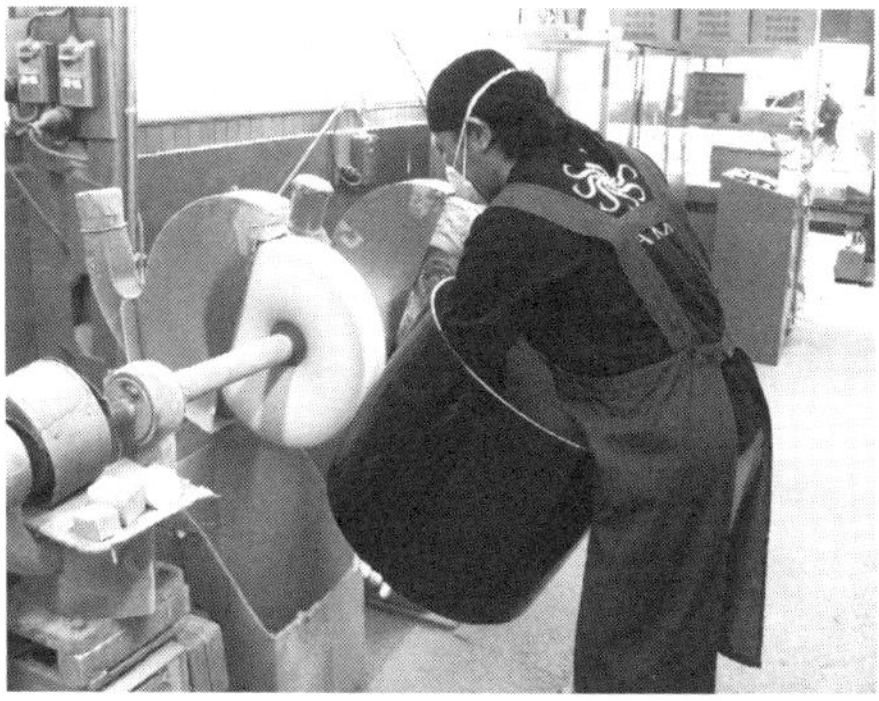

シェルづくりの様子

止められませんでした。

わたしは入社当時からＯＥＭだけでは将来的に生き残れないと思い、常々自社ブランドを復活したいと考えてきたのですが、ドラムの開発には金型代なども含めて多額の費用がかかります。当時はまだ売上の減少が緩やかだったこともあり、なかなか開発には踏み切れずにいました。

ようやく自社ブランドの開発に乗り出したのは、わたしが社長に就任した後の二〇〇六年のことです。ただ、開発にかかる費用などを考えると、はじめからドラムセットのすべてのパーツを開発するのは現実的ではありませんでした。そこで考えた末、まずはスネアとよばれるドラムの開発にとりかかりました。

現場の声を活かした自社ブランドを開発

――スネアドラムとはどのようなものなのでしょうか。

スネアドラムは演奏者の手前に置かれる、最も使用頻度が高いドラムの一つです。ほかのドラムとの違いは裏側にスナッピーという金属製のワイヤーを帯状に束ねたものが、取り付けられている点にあります。これが膜に当たることで独特の音色になるのですが、素材、形状によって音が大きく変わり、製品ごとに個性が出やすいドラムです。

開発に当たってスネアドラムを選んだ理由は二つあります。一つはほかのドラムと比較した際の流通量の多さです。スネアドラムは製品ごとに音の個性があるので、一人の演奏者が楽曲によって取り替えるために、複数もつことも珍しくありません。従ってドラムセットよりも多くの需要が見込めました。

もう一つは、ほかのメーカーとの差別化が比較的容易であったことです。スネアドラムにおいて、スナッピーは音の響きを左右する非常に重要な部品です。ドラムメーカーごとに特色があり、当社においても製造ノウハウの蓄積があったので、プロの演奏現場で使いやすい当社独特のサウンドをつくり出す事が可能でした。そこでわたしたちは、スネアドラムの開発に乗り出したのですが、その際にいくつかの対策を施しました。

――どういった対策だったのでしょうか。

わたしたちが目指したのはプロを納得させる品質を備えた、高価格帯のドラムでした。当然、大手メーカーでもプロユースの製品をつくっています。しかし長年ＯＥＭに携わるなかで、もっとプロの声を活かせるのではないかと考えてきました。そこで、演奏現場へ試作品をもち込み、現場のニーズを製品に反映させ、さらなる差別化を図ることにしました。

例えば、ライブではドラムの音がほかの楽器の音と重なり、聞き取りにくくなる場合があります。わたしたちはミュージシャンに試奏してもらい、どういった音であれば楽曲の邪魔にならず、しっかりと聞き取れ、楽しく演奏できるのかデータを集め、開発にフィードバックしました。

また、ミュージシャンだけではなく、ＰＡとよばれる音響担当者の意見も参考にしました。彼らはコンサートホールで音をスピーカーから出すに当たり、観客にまんべんなく聞こえる様に音のバランスなどの細かな調整を行います。わたしたちがライブ会場で耳にするのは、ＰＡで調整された音なのです。そこで、ＰＡが望む音に近づけて行きました。

試行錯誤を繰り返した結果、開発に三年もの期間を費やしましたが、二〇〇九年には自社ブランドである「ＳＡＫＡＥ」のスネアドラムを発売できました。当時はリーマン・ショック後で当社のＯＥＭの売上が急減していた時期で、ＳＡＫＡＥの売れ行きは、会社の命運を左右するものとなりました。

――反応はいかがでしたか。

当初の売れ行きは芳しくありませんでした。長年にわたりOEM一本でやってきた当社には販売代理店などのコネクションがなかったのです。そのため、知り合いの楽器店を一つ一つ回り、ドラムを置いてもらうようお願いする、地道な営業を続けました。

また、プロミュージシャンとの契約は最大の宣伝となるので、知り合いのつてをたどって著名なミュージシャンのレコーディング現場へ足を運び、SAKAEのスネアドラムを試してもらいました。そうする事で、楽器を気に入ってもらい契約してくれるミュージシャンが口コミで増えていったのです。

こうしてSAKAEのドラムの良さが徐々に伝わり、二年目には大手販売代理店が扱ってくれるようになりました。開発には時間がかかりましたが、SAKAEのドラムは国内での一定の地位を確立できたのです。

しかし、SAKAEの売上はリーマン・ショック後のOEMの急減分を補うには不十分でした。ドラム需要の大半は入

SAKAEのドラム

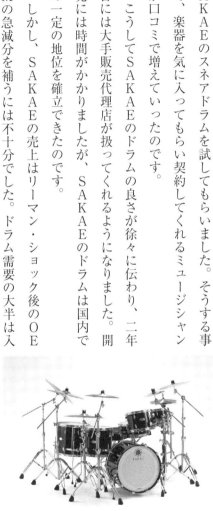

門用に相当する低・中価格帯のものです。当社がターゲットとしていた高価格帯のドラムの需要はごく一部でしかありません。国内需要だけでは当社の事業規模を維持できなかったのです。さらに、今後国内の人口減少が進むことを踏まえれば、海外需要の取り込みは必須でした。そこで、二〇一〇年から海外での販路開拓を模索したのです。

自社ブランドを海外へ発信

――海外で販路を開拓する手がかりはあったのでしょうか。

当社には国内と同じく海外で販売するためのコネクションがなかったので、各国で開催される展示会に参加し、販売代理店を探すことにしました。欧州や米国などでは、大きな楽器展示会が年一回開かれます。そこへ当社のブースを構え、SAKAEのスネアドラムを展示しました。

しかし、最初の年は何の成果を上げることもできませんでした。すでに国内では一定程度の知名度を獲得していましたが、海外ではSAKAEを知っている人などいません。たまに当社のブースへ立ち寄ってくれる人もパンフレットをもち帰るくらいのもので、その後の取引には全く結びつきませんでした。

――対応策はあったのですか。

一年目の展示会で何の成果もあげられなかった結果、わたしは事前準備の重要性を痛感しました。展示会は時間が非常に限られています。代理店はどのブースに回るかを事前に吟味したうえで参加するので、展示会が始まる前にいかに彼らから注目してもらうかが重要なのです。

考えた末、二年目以降は各国の展示会に出展する前に、脈のありそうな販売代理店をピックアップすることにしました。すでにほかのブランドを扱っている代理店との取引は難しいため、中堅規模の代理店にターゲットを絞りました。そのうえで、出展前にメールなどでできる限り代理店とコンタクトを取り、当社のブースへ誘導しました。

また展示会は時間が限られているため、販売代理店との商談だけで大半の時間をとられてしまい、ユーザーと実際に触れ合う機会がほとんどありません。そこで展示会へ行った際や、機会をつくってほかの国にも訪問しそれぞれの楽器店にSAKAEドラムの質の高さを実感してもらうよう地道に営業しました。

また、プロモーション活動と並行して、ＳＡＫＡＥのドラムセット開発にも取りかかりました。海外で勝負するためには、スネアドラムだけでは不十分だと考えたのです。ほかのパーツの製作に当たってもさまざまな工夫を施しました。

例えば、金属部品で固定されているタムと呼ばれる小さなドラムがあります。タムは通常、シェルの上部が金属部品で支えられているのですが、こうすると振動がシェル全体へ伝わりにくくなります。そこで、タムをシェルの下部から支える構造を設計し、音がより響くようにしたのです。この技術は特許を取得しており、他社との差別化になっています。

プロモーション、製品開発の双方で地道な努力を積み重ねた結果、徐々にではありますが海外の販売代理店でもＳＡＫＡＥのドラムを扱ってくれるようになりました。しかし、ユーザーの間での知名度はまだ高くなく、売上を大きく上げるには至りません。さらに、海外での出展やドラムの開発に多額の費用がかかったため、当社の資金繰りは非常に厳しいものに

海外展示会での一コマ

なりました。そこで日本政策金融公庫の挑戦支援資本強化資金などを利用し、厳しい時期を耐えていきました。

転機は二〇一三年に訪れました。フランクフルトで開催された展示会にブースを出したのですが、ある男性がSAKAEのドラムを叩かせてくれと、やってきたのです。わたしは彼のことを知らなかったのですが、素晴らしいスティックさばきに驚きました。彼が英国の非常に有名なドラマーであると知ったのはその後のことです。彼はSAKAEのドラムを気に入ってくれ、わたしたちと契約したいと申し出てくれました。

海外でも著名なミュージシャンとの契約は大きな宣伝となります。この契約を境に、SAKAEのドラムは海外のユーザーの間でも知名度を上げ、売上を大きく伸ばしていきました。実は二〇一四年の途中よりOEMの仕事がゼロになってしまったのですが、SAKAEの売上がその落ち込みを何とか補うまでに成長しました。現在では海外二十六カ国に販売しており、売上の海外比率は七割を超えるまでに至っています。

――今後の展望を教えてください。

SAKAEの海外での知名度は以前よりも高まりましたが、ドラムメーカー同士の競合は激しく、油断はできません。受注のほうはまだ不安定ですので、安定した経営にもっていくためにもさらに販路拡大を目指す必要があります。

そこで現在は展示会出展だけではなく、海外を意識した製品開発も行っています。例えば、ヒノキの間伐材を用いたスネアドラムの開発です。海外ではドイツなどをはじめとして環境保全の意識が強い国が多くあります。そこで、地球にやさしいモノづくりをできる企業である点をアピールしたいと考えました。ヒノキ材を使ったドラムは前例がなく、開発には苦労しましたが、製材業者の協力のもと海外での発売にまでこぎ着けました。今後はこうした特徴的な製品により海外競合メーカーとのさらなる差別化を図り、海外でのブランドイメージを確立していきたいと考えています。

取材メモ

同社が下請け企業から脱し、海外に通用する自社ブランドを確立できた理由をまとめよう。

一つは、差別化の工夫だ。同社は自社ブランドの開発に当たり、現場の声を取り入れることこそが他社との差別化になると考えた。そして長い時間をかけて、粘り強くミュージシャンや音響担当者の感想を聞いて回り、試行錯誤を積み重ねて製品に反映させた結果、ほかのどのメーカーとも異なるドラムを開発できた。

もう一つは、粘り強い海外でのプロモーション活動だ。同社は一年目の海外展示会での失敗から学び、プロモーションの方法を徐々に修正していった。こうした時間をかけた試行錯誤が海外での販売代理店の獲得につながり、ひいては著名ミュージシャンとの契約にまで結びついた。

海外進出までの道のりは長く険しい。それでも諦めずに試行錯誤を続ける粘り強い姿勢こそが、成功の必要条件である。

（山口　洋平）

事例 13

現場の視点から介護事業者をサポートする

㈱タニシ企画印刷
相談役 田河内 秀子

■代 表 者　田河内 伸平
■創　　業　1976 年
■資 本 金　1,000 万円
■従業者数　31 人
■事業内容　総合オフセット印刷
　　　　　　介護・福祉事業者向け商品の企画・販売
■所 在 地　広島県広島市中区舟入川口町 4-2
■電話番号　082（532）1315
■U R L　http://www.tanishi.co.jp

介護業界に目をつける

――事業概要を教えてください。

当社は、一九七六年創業の印刷業者です。創業当初は、チラシやパンフレット、名刺を中心に旺盛な印刷需要がありました。当社は、顧客の要望をもとに印刷物のレイアウトやデザインを提案する営業スタイルで、次々と受注を獲得していきました。

ところが、九〇年代初めにバブル経済が崩壊すると、広告を打つ余力のある企業が少なくなり、チラシなどの印刷需要が減少します。それにパソコンの普及が追い打ちをかけました。チラシやパンフレット、名刺などを自前で簡単につくれるようになったのです。その結果、印刷業界では、少ない受注をめぐって価格競争が激化しました。当社の受注は急減し、九〇年代の終わりには最盛期の約三分の一にまで落ち込んでしまいました。

――受注を回復させる手立てはあったのですか。

よい手立ては思いつきませんでした。やむを得ず代表取締役の職を創業者である夫からわたしにバトンタッチし、社員には希望退職を募りました。結果的に、社員三名と家族だけの少人数で細々と続けることにしました。

まずは目の前の受注に注力しました。同時に、当社に万が一のことがあった場合に備え、わたしがケアマネジャーという公的資格を取得することにしたのです。

当時すでに、高齢化の進行により介護を必要とする高齢者が増加する一方、核家族化や女性の社会進出が進み、家族で介護を行うのが難しくなっていました。こうした問題を解決するために、二〇〇〇年にスタートしたのが介護保険制度です。高齢者の介護を社会保険の仕組みによって社会全体で支えようとするものです。制度開始に伴い、利用者の状況を把握し、最適なケアプランを策定するケアマネジャーという資格が新設されました。

ケアマネジャーの試験は、誰でも受けられるわけではありません。看護師や介護福祉士など医療・福祉分野の公的資格を保有し、関連業務に五年以上従事した経験が必要です。わたしは結婚前に八年間看護師をしていたので、受験資格を有していたのです。

勉強の末、試験に合格し、実務研修を経て資格を取得したのですが、実務研修で介護の現場を経験した際に、気づいたことがありました。

——どのようなことですか。

介護サービス提供に当たっての事務作業が思ったよりも煩雑で負担が大きいということです。サービスを提供した介護員は、その内容や利用者の健康状態を介護事業所に報告します。介護事業所内のケアマネジャーは報告をもとにケアプランの進捗状況を確認するとともに、利用者ごとにサービス内容を点数化して市町村に介護報酬を請求します。

とくに負担が大きいと感じたのは、介護報酬請求のための点数計算です。サービスについてそれぞれあてはまる「サービスコード」をコード表から見つけ出し、対応する点数を足し合わせなくてはなりません。しかし、コードの数は膨大です。コードは提供したサービス内容や時間帯、利用者の要介護度など、たくさんの項目をもとに細かく分けられているからです。

そこで、頻出するサービスコードのみを掲載した簡易版のコード表をつくり、冊子にしてみました。知人のケアマネジャー数名に使ってもらったところ、大変喜ばれました。

その後、二〇〇三年に転機が訪れます。サービスコードの改定が発表された際に、以前配布した先から改定版をつくってほしいと頼まれたのです。

介護保険制度は経済・社会情勢に応じて三年ごとに大きく見直されます。それに連動し、サービスコードにも変更が生じます。そのため、三年に一度は簡易版のコード表の需要が生まれます。わたしはビジネスとして成り立つと思い、全国の介護事業所に向けて簡易版のコード表を販売することを決断したのです。

介護事業者向け商品の開発

――全国に売り込むすべはあったのでしょうか。

当社は人手や資金に余裕がなく、全国の介護事業所に出向いて営業するのは非現実的です。そこで、思いついたのはファクスを使った営業です。ネットで公開されているＹａｈｏｏ！電話帳には当時、ファクス番号が載っていました。番号を確認できる介護事業所にファクスで広告を送信しようと考えました。

介護事業所の忙しさはわかっていましたので、広告の文面は、文字をできるだけ少なくしました。事業所名、住所、電話・ファクス番号と希望部数を記入する欄を広告の下部に設け、これらを書き込んでファクスで送り返してもらえば、注文できるようにしました。一冊当たり六百三十円と求めやすい価格を設定し、約一万の介護事業所にファクスを送ったところ、嬉しいことに続々と注文が舞い込み、手応えを感じました。

当時、介護保険制度は開始から三年しか経っておらず、同様の印刷物を手がける事業者は知る限りまだいませんでした。簡易版のコード表のほかにも事業所の負担を軽減する商品をつくれば、売れるはずです。わたしは商品化できるものがないか模索しました。

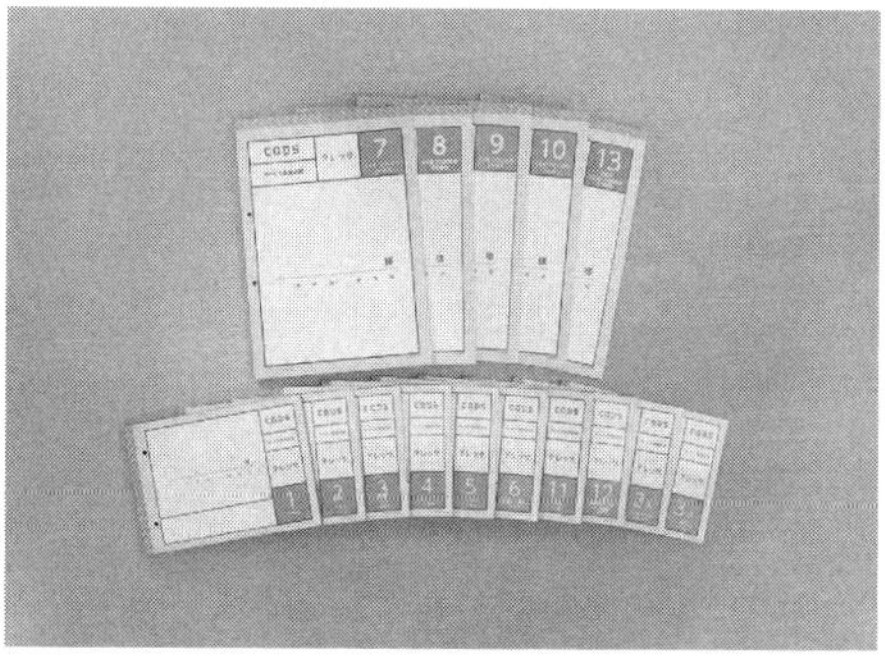
サービス実施記録票「テレッサ」

――そのアイデアをどこから得ようとしたのですか。

簡易版のコード表は、介護の現場での体験をヒントに開発したものです。新たな商品のヒントを得るには現場の声を聞くべきだと考えました。そこで、簡易版のコード表を発送する際に、商品を使用した感想や現場で困っていることを記入してもらうアンケートはがきを同封したのです。

返ってきたアンケートのなかに注目すべき声がありました。介護員が提供したサービスの内容や利用者の状況を事業所に報告する際、決まった様式がないため、報告の都度、すべて自分で書き出さなければならず、漏れや間違いが生じやすいうえ、負担が大きいというものでした。

この悩みを解決する商品として開発したのが、サービス実施記録票「テレッサ」です。これは、介護員が提供したサービスを簡単に記録できるようにした帳票です。日時や利用者の体調など必要項目を記入する欄を設けたほか、提供頻度の高いサービス内容をチェック欄とともに印字してあります。テレッサを使えば、必要項目の記入漏れを防げますし、チェックを入れさえすればサービス内容を報告できます。

その後、訪問看護ステーション、障害者の訪問介護事業所なども対象として、おのおのの業務に合わせたテレッサなども開発し、事業規模を拡大させていきました。これに伴い、従業員も新たに迎え入れることができました。

しかし、しばらくすると同業他社が類似商品を当社より安い価格で販売するようになりました。このままでは価格

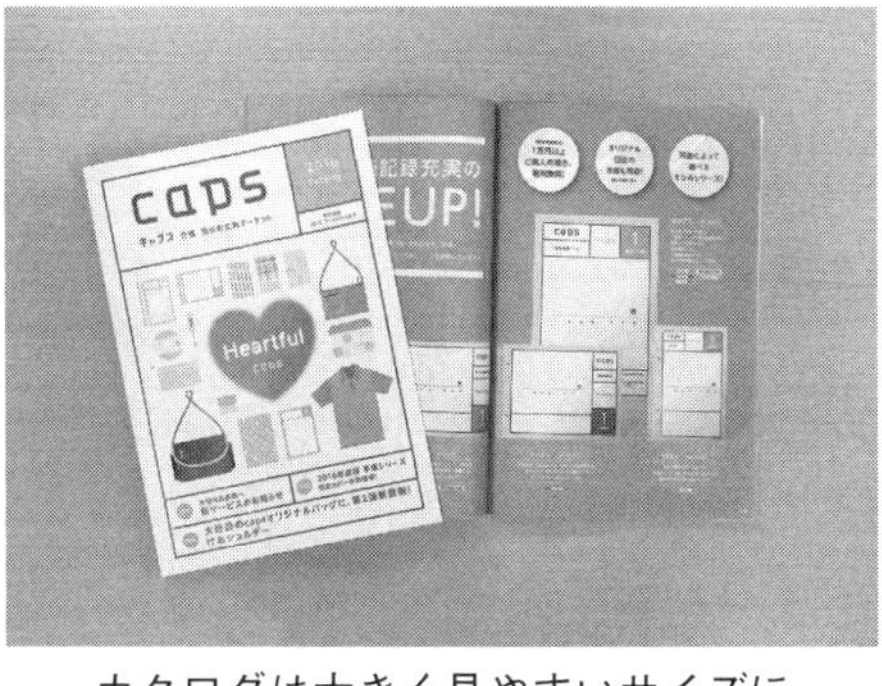

カタログは大きく見やすいサイズに

競争に陥りかねません。当社はかつて価格競争に苦しんだので、それだけは避けたい。そのためには、当社と取引すること自体に魅力を感じてもらえるようにする必要があると考えました。

顧客の問題を解決し顧客の心をつかむ

――どのような取り組みを行ったのですか。

顧客が抱える悩みを解決する二つのサービスを開始しました。

一つは、物品調達の負担を軽減することを目的とした介護・福祉業界向けの通信販売です。それまで、介護事業者は物品ごとに別々の店で商品を購入しており、調達業務が煩雑でした。そこで、介護等に必要な商品をワンストップで購入できるようにしたのです。帳票類はもちろん、マスク、エプロンなど、介護や福祉の現場で必要なものを用意して、カタログやインターネットでの通信販売を行いました。

もう一つは、顧客の問い合わせ専用ダイヤルの立ち上げです。介護事業所は人の入れ替わりが激しく、介護員が必ずしも業務を熟知しているとは限りません。また、制度の細かな改正も多いので、逐一内容を確認し、制度変更に対応しなければなりません。生じた疑問を気軽に問い合わせることができるサービスがあれば、現場の負担は軽くなるはずです。一方で、当社にとっても、電話で直接顧客と話すことによって現場のニーズを把握しやすくなるというメリットがあります。

二つのサービスは、当初、専門知識を有するわたしが中心となって展開しましたが、やはり一人では手が回りません。そこで、従業員にも専門知識を習得してもらおうと、人材育成に注力することにしたのです。

――具体的にはどのように人材育成を進めたのですか。

介護関連の資格取得にかかる費用を補助するとともに、資格を取得した場合、人事評価で加点することにしたのです。果たして、ヘルパー、介護事

問い合わせは専門スタッフが対応

務、福祉用具専門員、介護食士など多くの資格取得者が誕生しました。

従業員が資格取得に至る過程で得た知識は、通信販売での商品の選定や、専用ダイヤルでの問い合わせ対応に役立っただけではなく、新たな情報発信にもつながりました。顧客向けの月刊誌「きゃぷすだより」の発行です。資格取得者が中心となって介護や看護に必要な情報を編集しています。

積極的な情報発信を行うことで、資格取得者の知識が活用され、本人のモチベーションが向上するとともに、社内に知識や経験の蓄積が進んでいます。

有資格者の増加は新たな商品の開発にも生きています。帳票等の開発は業務の内容や流れを理解していないとできません。その点、知識や経験の蓄積が進むことで、汎用型の「居宅介護サービス契約書」など、より専門的な知識が求められる商品も開発できるようになっています。

紙面を通じてお客さまと交流を

介護・福祉関連の事業を立ち上げる前の二〇〇〇年には約七千万円だった当社の売上は、二〇一五年には四億円程度になりました。そのうち介護・福祉関連が八割を占めるまでになっています。事業が軌道に乗ったため、現在では社長の座を息子に譲っています。

――今後の抱負を教えてください。

人口減少局面を迎え、わが国の介護問題は、深刻さを増してきています。介護の担い手は不足しており、介護のために離職する人は少なくとも年間十万人は存在するといわれ、今後も増加すると予測されています。

介護の現場においても、仕事の進め方にはまだまだ改善の余地があり、これからも、当社がお役に立てることがありそうです。

当社は、印刷物の提案力と介護・福祉に関する豊富な専門知識という二つの強みを生かして、介護に携わるあらゆる方々に微力ながらお力添えできればと考えています。

取材メモ

同社の新市場参入への成功の要因を整理したい。

一つは、問題意識を事業につなげることにより、成長が見込める市場にいち早く参入した点だ。人はさまざまな経験を日々重ねているが、それを事業に結びつけられるかは経営者の問題意識によるところが大きい。田河内さんは、ケアマネジャーの資格取得の過程で介護現場の問題を感じ、解決しようとして商品を考案した。この行動がきっかけとなり、ライバルに先駆けて事業のアイデアを得ることができた。

もう一つは、後発企業に負けないよう、顧客を囲い込むサービスを展開した点だ。新市場開拓後、後発企業が現れることは少なくない。その点、田河内さんは顧客の問題を解決するため、印刷物の提供という従来の事業の範囲を越えてサービスを提供した。これにより、顧客に同社との取引自体に魅力を感じてもらうことができ、後発企業との価格競争を回避できた。

同社の取り組みは、新市場の開拓を志す中小企業にとって大いに参考となるだろう。

（中村　円香）

事例 14

特殊な防護服で 繊維業界を生き抜く

㈱トーヨ
代表取締役社長 **渡邊 学**

■代表者 渡邊 学
■創 業 1972年
■従業者数 36人
■事業内容 防護服の製造・販売
■所在地 愛媛県西条市小松町新屋敷甲 2155-1
■電話番号 0898（72）5444
■URL http://toyo-ltd.jp

過酷な作業現場で身を護《まも》る服

――御社のつくる防護服の特徴を教えてください。

当社のつくる防護服は「極限状態での安全」を提供する特殊なものです。

世の中には、さまざまな機能をもつ繊維があります。当社は、それらを使って、過酷な環境で働く人を護る服をつくっています。長年培ってきたノウハウをもとに、服に必要な機能をもたせるための繊維の選定や生地の開発も手がけており、大手企業との共同開発も行っています。

共同開発した製品の一例が、液化天然ガスの基地で使われる「耐冷服」です。中東やアフリカなどで産出される天然ガスは、日本では都市ガスの原料や火力発電の燃料として用いられています。マイナス百六十二度まで冷却すると液化し、体積が気体の状態に比べておよそ六百分の一になります。天然ガスを日本に輸入する場合には、産出地で液化して日本の基地に運び、液体のままタンクに貯蔵します。したがって、液化天然ガスの基地は寒いうえに火災のリスクが伴うのです。

こうした環境で働く人のための防護服が、保温性の高い繊維と燃えにくい繊維からつくる耐冷服なのです。評価試験によると、マイナス百九十六度では三十分間、千二百度の炎の中では三十秒間、それぞれ体を護ってくれます。

――もともと特殊な防護服の製造を手がけていたのですか。

一九七二年に父が当社を設立した当初は、アメリカなどへ輸出する紳士服の縫製業を営んでいました。元請けのアパレルメーカーから支給された生地を縫製して、加工賃を得ていたのです。

七〇年代後半、円高により輸出環境が悪化すると、受注が減少しました。これに対し、当社は国内向けの婦人服に取り扱い品目をシフトしてしのぎました。

しかし間もなく、繊維業界では多くのアパレルメーカーが生産拠点を労働コストの安い中国などに移しはじめたのです。近々国内に安価な海外製品が入ってくると危惧した父とわたし

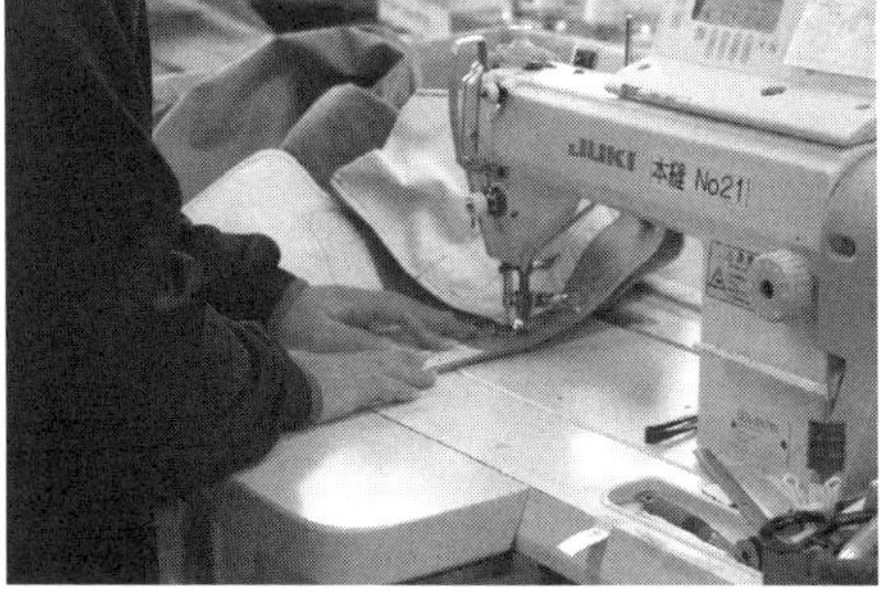

は、価格競争に巻き込まれる前に付加価値の高い新製品をつくろうと考えました。

そのアイデアを得ようとさまざまな繊維を調べた結果、目をつけたのがアラミド繊維です。丈夫で燃えにくい合成繊維で、カーテンやカーペットなどに使われていました。もともとはアメリカで開発され、日本でもある繊維メーカーが開発に成功していました。

アラミド繊維はかなり高価なので、一般的な服の生地にはなりません。服の素材としては、消防服にだけ使われていました。しかし、火災現場以外にも火の危険にさらされる場所はあります。鉄工所やガラス工房などです。こうしたところでは緻密な作業が求められるため、重くて動きにくい消防服を着るわけにはいきません。難燃剤や防炎剤で後加工した普通の作業服が使われていたのですが、洗濯などによって機能が衰えてしまうという欠点がありました。

そこで、当社の縫製技術を活かし、作業性の高い防護服をアラミド繊維でつくろうと考えました。他社が手をつけていないので、チャンスが大きいと思ったのです。


――アイデアを実現するには、繊維メーカーの協力が必要です。

幸いにも、愛媛県が主催する技術懇談会に、アラミド繊維を開発した繊維メーカーが参加することになっていました。そこで父が技術懇談会に参加し、メーカーの担当者にアイデアをもちかけたところ、共同で開発できることになったのです。

まず、繊維メーカーから支給されたアラミド繊維の生地を当社が縫製して試作品をつくります。その後、耐熱性や難燃性をテストしたり、動きやすさや着心地などをチェックしたりしました。試作を繰り返して八五年に完成させ、繊維メーカーの名で発売。当社はＯＥＭで製造を請け負いました。

発売後、当社も地元企業に営業しましたが、しばらくは良い反応を得られませんでした。品質は認めてもらえたものの、値段が高すぎると言われたのです。しかし、地道に売り込みを続けたところ、徐々に注文してもらえるようになりました。

雇用を守りつつ見込みある事業に特化

――営業が実を結んだのですね。

それもありますが、企業の労働安全意識が高まったことが追い風となりました。かつては作業員が自己責任で身を護るべきだというのが一般的な考え方でした。しかし、八〇年代後半に大規模な労働災害が社会問題となり、作業員の安全は経営者が保障するべきだという考え方が徐々に主流になっていきました。その結果、多少コストをかけてでも労働災害を防ごうとする企業が増えてきたのです。

こうした変化から防護服の需要がもっと増えていくと期待した父とわたしは、防護服の事業にいっそう注力していくことを決めました。そして、九一年に開発や製造を行う専門部署を新設しました。

期待したとおり、防護服の受注は増えていきました。顧客企業によって作業環境は異なりますから、それぞれに合う防護服をつくる必要があります。当社は多様な注文に対応していくなかで生地の選定や開発にも携わるようになり、複数の繊維を組み合わせたり、繊維に特殊な加工を施したりして、服に必要な機能をもたせるノウハウを身につけていきました。

また、多品種の製品を小ロットでつくる体制を整えるため、ＩＴによる受注システムをつくることにしました。どんな繊維をどのように組み合わせたのか、生産にどのくらいの時間がかかったのかを受注ごとに入力します。そうすることでデータベースが構築され、新規のオーダーにも迅速かつ的確に対応できるようになりました。

二〇〇四年、父が高齢になったため、わたしが社長に就きました。当社を発展させるため、わたしは二つの決断をしました。

一つは、婦人服の事業を中止して好調な防護服の事業に特化することです。実は、社長就任の数年前から婦人服の事業はずっと赤字でした。海外製品との価格競争が厳しくなっていたからです。もはや改善の見込みはありません。

――中止は妥当な判断ですね。

ただし、すぐに中止することは考えませんでした。防護服の受注だけでは十分な仕事量を確保できず、雇用を守れなくなるからです。

当社のある愛媛県西条市は経済規模が小さく、厳しい雇用環境にあります。職を失うと再就職するのは大変です。また、婦人服の担当者は年配の人が多く、勤め先を変えることが負担になります。長らく当社を支えてくれた従業員のため、防護服の事業だけで雇用を守れるようになるまでは、婦人服の事業を続けようと思ったのです。

その間、婦人服に携わっている従業員に、防護服をつくる設備の操作方法を習得してもらうことにしました。今後の方針を伝え、防護服のつくり方を少しずつ覚えていってほしいと頼んだのです。誠意が伝わったようで、従業員は素直に従ってくれました。
こうして準備を進めておき、防護服の受注額が全体の七割を超えたことを機に、防護服の事業に特化したのです。

自社ブランドで事業を拡大

――もう一つの決断の内容を教えてください。

自社ブランドの防護服をつくることです。これまでに培ってきた技術やノウハウを活かし、ＯＥＭ生産とは別に自社ブランドの製品を開発することで、事業を拡大しようと思ったのです。ＯＥＭ生産を続けることを踏まえると、製品はＯＥＭ元と競合してはいけません。耐熱性や難燃性以外の機能をもつ防護服のアイデアを模索しました。

あるとき、近隣で林業の作業を請け負っている方がチェーンソーで大けがを負ったという話を耳にしました。このことがきっかけで、チェーンソー用の防護服をつくるアイデアを思いついたのです。チェーンソーがよく使われるのは、林業や造園業です。これらの業界でニーズがあるかを調べるため、地元の森林組合にヒアリングを行いました。

チェーンソーは、使用者を傷つける凶器になりえます。いくら注意を払っていても、事故を完全に防ぐことはできません。万一のときの被害は大きく、回復不可能な後遺症や死につながることがあるので、安全対策が必要です。ところが、チェーンソー用の防護服をつくっている企業は、国内にはありませんでした。海外製はわずかに出回っていたものの、「重くて硬い生地のせいで着心地が悪いうえに作業しにくい」という理由で利用されていなかったのです。

こうした事実を知ったわたしは、機能性や作業性の高いものをつくれば使ってもらえると確信し、開発に踏み切りました。

開発を進める際には、チェーンソーメーカーと林業・木材製造業労働災害防止協会の協力を得ました。まず、当社が協会の助言を参考にして試作品をつくります。そして、チェーンソーメーカーに依頼して製作した切断試験装置によって、試作品を評価

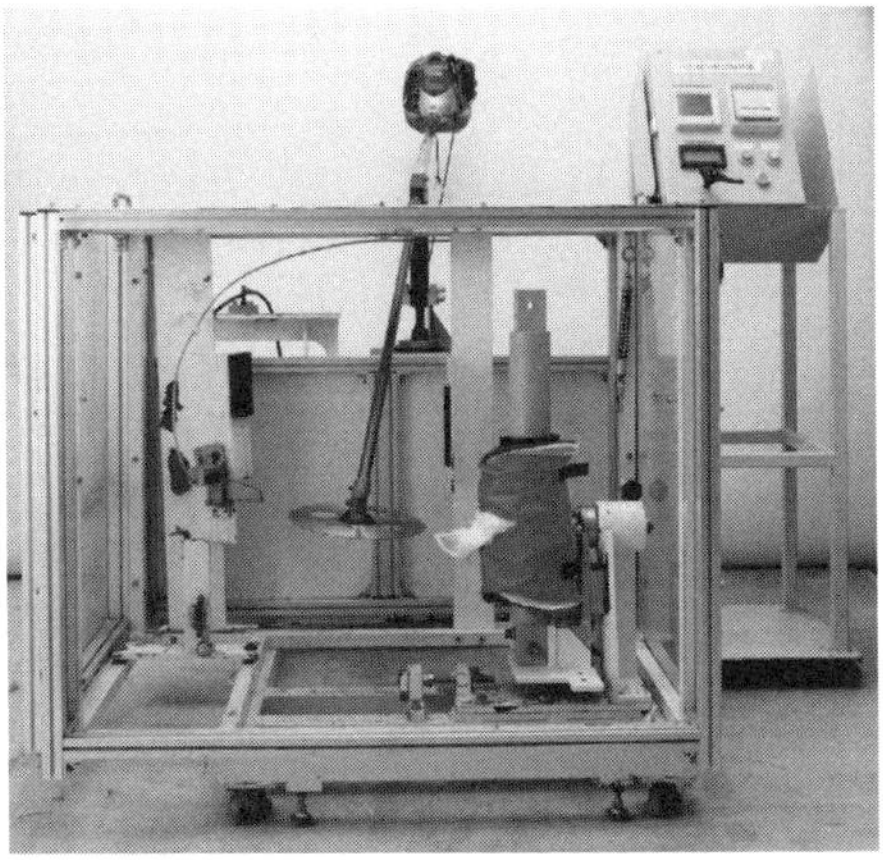

チェーンソー切断試験装置

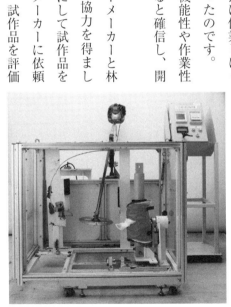

します。これを繰り返した結果、二〇〇六年に完成した防護服が「グリーンボーイ」です。特許取得済みの製品です。

グリーンボーイの特徴は、表面生地と裏地の間に、綿状にしたアラミド繊維を入れてあることです。チェーンソーが表面生地を切り裂くと、なかの繊維が引き出されて刃に絡みつき、回転を止めるようになっています。また、快適に作業できるように、表面生地と裏地には伸縮性や通気性の高い繊維を用いています。

――売れ行きはいかがでしたか。

林業・木材製造業労働災害防止協会や当社のホームページで紹介したこともあり、徐々にですが注文を得ることができました。

また、グリーンボーイは、日刊工業新聞社などが主催する「中小企業優秀新技術・新製品賞」の優秀賞に輝きました。嬉しかったのは受賞したことだけではありません。ＩＴ企業などのエントリーが多くを占めるなか、繊維業界の企業で賞を受けたのは当社だけだったのです。このことは自信につながり、次なる製品開発のモチベーションを高めてくれました。

自社ブランド第二弾のアイデアは、高圧洗浄用の防護服です。化学工場や建設現場などで高圧水を使った洗浄作業が増えていることに目をつけました。

日本洗浄技能開発協会にヒアリングしたところ、高圧洗浄用の防護服はなく、作業員は普通の作業服のうえに雨合羽を着ていることがわかりました。これでは高圧水が至近距離で当たると大けがにつながってしまいます。ニーズはあると踏みました。

日本洗浄技能開発協会、ノズルメーカーと連携して、切断試験装置を製作。これを活用して防護服の開発を進め、「ジェットボーイ」という名前で二〇一三年に発売しました。現在、特許を申請中です。

ジェットボーイは、外側から高密度のポリエチレン素材、高強度のナイロン素材、防水繊維の三層構造となっており、外の二層が衝撃を吸収し、防水繊維が濡れるのを防ぎます。プラント配管や壁面などの洗浄で使われる水は、十～三十メガパスカルの圧力で噴射されますが、ジェットボーイを着ていれば高圧水に耐えられます。

ジェットボーイ（左）とグリーンボーイ（右）

自社ブランドの製品は、いずれも「安全なだけではなく快適に作業できる」と好評を得ています。現在、当社の売上の三分の一程度を占めるに至っています。

今後、人口減少が進むと、とくに減少ペースの速い地方圏において、企業は労働力を確保するためにより安全な職場環境をつくる必要に迫られるでしょう。企業の労働安全意識が高まっていくという流れを踏まえると、防護服のニーズはますます大きくなると期待できます。特殊な防護服を必要とする作業現場は、ほかにもあるはずです。当社の製品によって労働災害が少しでも減るように、製品のバリエーションを広げていきたいと考えています。

取材メモ

同社が事業転換に成功した要因を整理しよう。

まず、「特殊な防護服」という未開拓の市場を発見したことが挙げられる。同社は事前のリサーチにより、強力な競合品が存在しないことを確認した。そのうえで、外部と連携したり、既存の技術・ノウハウを活かしたりして、優れた機能の防護服を生み出した。画期的かつ高品質な製品だったから、顧客に受け入れられたのだろう。

仲間への配慮を欠かさなかった点も見逃せない。旧事業の業績が厳しく、新事業の発展が見込める場合、すぐに新事業への転換を図りたくなるものだ。しかし、渡邊社長は業績の早期改善より雇用維持を優先し、転換時期を遅らせた。また、自社ブランドの製品は、ＯＥＭ元と競合しないものを選んだ。こうした配慮が、スムーズな転換を可能にしたと考えられる。

敵のいない事業への転換を、敵をつくることなく実現した同社の取り組みは、多くの中小企業にとって参考となるだろう。

（立澤　隆）

事例 15

呼子の活イカを広め地域を支える

玄海活魚㈱
代表取締役 古賀 和裕

■代 表 者 古賀 和裕
■創　　業 1969年
■従業者数 13人
■事業内容 活魚の卸売、レストラン
■所 在 地 佐賀県唐津市呼子町殿ノ浦 508-3
■電話番号 0955（82）3913
■U R L http://www.yobuko-genkai.co.jp

呼子を「イカのまち」に

――御社の概要について教えてください。

当社は一九六九年にわたしの父が創業した活魚の卸売り業者です。玄界灘等で獲れたタイ、アジ、サバなどを活魚輸送トラックで東京の築地市場に運び、卸売りを行っていました。当時は活魚の流通量が少なく、高値で売買されたことから、事業は順調に伸びていきました。

卸売り事業の傍ら、活魚の生簀《いけす》置き場を兼ねた建物で海鮮レストランも営んできました。注文を受けてから生簀の活魚をさばくため、新鮮な海鮮料理を召し上がっていただけます。ほとんどのお客さまが注文されるのがイカです。呼子では三月から一二月はケンサキイカ、一一月から四月はアオリイカ、一月から三月はコウイカが水揚げされるため、一年を通して提供しています。

呼子のイカの特徴の一つは活きの良さで、それは漁業者の工夫によるものです。例えば、漁業者は一本釣りで釣り上げたイカに直接手を触れることなく釣針を外し、船倉に入れます。人の体温はイカにとって高熱であり、触れられると火傷したようになってしまうのです。こうした工夫を重ねてきたことにより、呼子の漁港には活きの良いイカが集まるのです。

呼子の多くの飲食店で食べることができる「イカの活け造り」は当店が発祥です。もともと当地には「タイの活け盛り」があり、父はこの調理法をイカに応用して、手頃な価格で提供したところ、人気を呼んだのです。近隣の飲食店から調理法を聞かれると、父は隠すことなく教えたため、イカの活け造りを出す店が増え、呼子は「イカのまち」として有名になっていきました。

当時の輸送技術では活イカを遠方に運ぶことはできず、活け造りに舌鼓を打つためには呼子まで足を運ぶ必要がありました。同じころ、名護屋大橋の開通や呼子と壱岐を結ぶフェリーの就航によって、呼子の観光客数は右肩上がりに増えていきました。そのため、当

生簀置き場を兼ねた海鮮レストラン

店でも多くの観光客を迎えることができました。

――事業は順風満帆ですね。

ところが、八〇年代になると卸売り事業の風向きが変わります。呼子の漁獲量がピーク時の半分以下にまで落ち込んだのです。当然、当社の販売量も減り、そこに価格の下落も相まって採算が合わなくなったため、築地市場での卸売りから撤退しました。

その代わりに、活魚を福岡の飲食店などに直接販売するようにしました。販売量は減りますが、市場を通さないため実入りは増やすことができます。取引先を一から開拓していき、十年かけて商圏として確立させました。

一方、レストラン事業は順調に推移しました。呼子の観光客が八〇年代に入っても増え続けたためです。これに対応するため、九八年にはレストランを建て替え、席数を七十から二百三十に増やしました。

しかし、二〇〇〇年代に入ると、観光客の伸びは頭打ちとなり、将来の人口減少も勘案すると、次なる手を打つ必要がありました。

東京に活イカを届ける

――どのような手を考えられたのですか。

呼子のイカをもっと多くの人に食べてもらえないかと考えたのです。それも、最もおいしい活け造りで食べてほしい。しかし、呼子のイカに限らず、活イカは産地以外ではほとんど流通していませんでした。その理由は取り扱いの難しさにあります。

イカは他の魚に比べて非常に繊細な生物で、水槽の水質、温度、水流、酸素濃度などが合わないとすぐに死んでしまいます。イカの特性として、ストレスを感じるとアンモニアを発散します。海中であれば大量の海水に希釈されるため問題ありませんが、水槽内では毒されて死んでしまうのです。また、死ぬ間際に墨を吐くため、さらに水質が悪化し、水槽内のイカが全滅してしまうこともあります。そのため、活魚輸

イカなどの活魚が泳ぐ生簀

送トラックでも二〜三時間の輸送が限界で、それ以上の長距離輸送ができませんでした。

しかし、もし呼子の活イカを町外で広く流通させることができれば、売上の増加が期待できます。また、呼子のイカを食べた人が、本場でも食べてみたいと思い、当地に足を運ぶようになるかもしれません。輸送車の開発や販路の開拓など課題はありましたが、挑戦する価値はあると思いました。

そこで、すぐに検討にかかり、輸送地は東京を目指すことにしました。国内最大の消費地であることに加え、呼子から東京まで輸送できれば、途中にある大阪・名古屋も商圏に入るという計算もありました。

――実現に向け、何から着手されましたか。

まずは輸送技術です。呼子から東京までの約二十時間、イカを生かしたまま輸送できるトラックが必要でした。そこで、二〇〇六年に唐津市、九州大学、活魚輸送トラックのメーカーなどと産学官連携で輸送車の開発に着手しました。一般的な活魚輸送トラックは荷台に大型の水槽を積み、水槽内に酸素を送り込むポンプが備わっています。しかし、これだけでは水質の悪化などによりイカが死んでしまうため、イカを入れる水槽と海水だけが入った水槽を併設し、二つの水槽の海水を少しずつ入れ替えていく方式を試してみることにしました。早速、輸送実験を行いましたが、生存率はわずか五％で、この方式は諦めざるを得ませんでした。

そこで、当社がこれまで培ってきた活魚輸送のノウハウやイカに関する知識を総動員し、別の方式を編み出しました。一つの水槽内の海水を独自に開発した循環洗浄装置で浄化するのです。さらに、水流や水温を調節する装置なども搭載しました。改良と輸送実験を繰り返し、イカにとって最適な環境を見出したことで、二〇〇八年にはほぼ一〇〇％の生存率を実現しました。イカを生かすために殺すという辛い実験の繰り返しでしたが、ようやく活イカ専用輸送トラックが完成しました。

次は需要の開拓です。二〇〇九年に呼子町漁業協同組合などと農商工連携の認定を受けて、事業化実験を行いました。築地市場や横浜中央市場に活イカを輸送し、試験販売を実施しました。併せて調理法の講習会も行ったことで、

活イカ専用輸送車

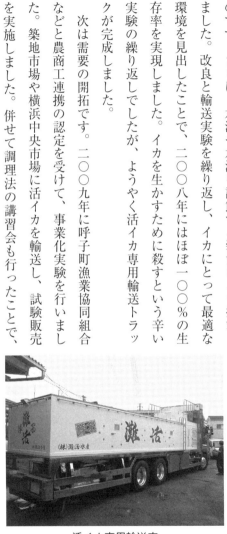

多くの飲食店から引き合いをいただきました。三年間で十回以上の試験販売を行い、手ごたえをつかみました。

――輸送技術の確立と需要の開拓に成功したわけですね。

二〇一二年には唐津市内の水産会社と共同で㈱灘活水産を設立し、満を持して事業化に踏み切りました。福岡での販路開拓の経験から、東京で販路を確立するには相当な時間と費用を要することが見込まれ、困難だと判断しました。そこで、灘活水産は輸送に専念し、販売は東京で活魚を飲食店などに卸している会社に委託することにしました。

卸売り業者の生簀まで輸送し、イカを休めた後、生簀のある飲食店には業者の活魚輸送トラックで、生簀のない飲食店には専用のパックに海水とイカを詰めて配送しています。販売先の飲食店にはわたし自ら赴き、イカの洗い方や墨袋の取り方など呼子の味に近づけるようなコツを教えています。

輸送は毎週水曜日、活イカ専用輸送トラックで千二百杯のイカを東京に送り出しています。当社の調べでは、東京の飲食店は約四万店。その一％に毎週三杯のイカを届けることを考え、配送車両の大きさを決めました。実販売から三年が経過し着実に需要は増えています。

活イカは輸送が難しく、コストもかかるため、冷凍されたイカなどと比べると、十倍ほどの価格での販売となります。そのため、飲食店での価格も高く設定せざるをえません。それでも、甘くて透明な活イカを東京で食べることができるお店は珍しく、店の目玉商品にすれば集客効果が期待できるため、まだまだ需要は伸びていくと思います。

東京で呼子のイカを定着させるためには、当社が安定して供給し続けることが何よりも重要だと考えています。そのためにも、長い目をもって取り組みを続けていきたいと思います。

地域を支える

——漁業者を支える仕組みを導入されたと伺いました。

卸売りもレストランも活魚を供給してくれる漁業者あっての事業です。しかし、呼子町の漁業者は年々減少しています。呼子町では六〇年代から人口減少が続いていることに加え、水産資源の減少や魚価格の下落により新たな成り手も減っているのです。そのため、漁業者は高齢化が進んでおり、この状況が続くとイカの調達に支障が出るかもしれません。

そこで、当社では専属の漁業者から直接、市場価格の数倍の固定価格で買い取っています。漁業者は卸売市場より高く売れることに加え、卸売市場での販売手数料もかからなくなるため、実入りが増えることになります。当社にとっては仕入コストの上昇となりますが、安定して調達できるというメリットがあります。

魚の価格は需給に応じて敏感に変わるため、需要を掘り起こせばそれだけ価格は上がります。そのため、東京での販売が拡大して需要が増えれば、より高値で販売することが可能になります。そうすればイカの仕入量も増やせます。こうして漁業者も当社も潤えばこれ以上のことはありません。

また、漁業者の負担を軽くする仕組みも導入しました。一般的に、活魚の買い取りは卸売り業者の営業時間中に業者の立ち会いの下で行われます。しかし、漁業者は早朝や夜間に帰港することも多く、その場合は卸売り業者の営業時間まで待たなければならず、大きな負担となっていました。そこで、当社は二十四時間イカの受け入れを行うようにしました。屋外に生簀を設け、漁から戻った漁業者がイカを入れられるようにしたのです。その際、当社の従業員は立ち会わず、漁業者の自己申告に基づく量の代金を支払っています。漁業者との信頼関係があるからこそできる仕組みです。

――地域の下支えにもなっているのですね。

当地にはもう一つの観光の目玉として、日本三大朝市に数えられる「呼子の朝市」があります。「朝市通り」と名づけられた通りに新鮮な魚介類が並べられ、多くの観光客が訪れます。当地の観光資源は漁業者がいるからこそ成り立つのです。

当社がイカを広め、一次産業である漁業者が潤うことで、加工業者や飲食店など二次、三次産業も潤っていきます。漁業者を支えることはすなわち、地域を支えることにつながるのです。

これからも一人でも多くの人に呼子のイカを味わってもらい、地域を活性化させていきたいと思っています。

取材メモ

地域に根差した事業を行うことが多い中小企業にとって、人口減少による地域経済の縮小は死活問題である。そこで同社は連携により技術開発と需要開拓を行い、東京の需要を取り込んだ。

一連の取り組みは同社に成長の機会をもたらしただけではなく、地域の活性化にも寄与している。人口減少は大きく自然減と社会減に分けられ、地域に魅力的な働き口があれば社会減は抑制できる。同社は漁業者の実入りを増やし、負担を減らす仕組みを導入することで、新たな成り手の登場を促し、地域に人をつなぎとめているのである。

地域経済を支えているのは多くの中小企業である。一社一社の取り組みが積み上がれば、人口減少に打ち克つ強い地域ができあがるだろう。

（鈴木　啓吾）

人口減少時代を生き抜く中小企業

2016年7月15日　発行
（禁無断転載）

編　者　©日本政策金融公庫
総合研究所
発行者　脇　坂　康　弘

発行所　株式会社 同 友 館
〒113-0033 東京都文京区本郷3-38-1
本 郷 信 徳 ビ ル 3F
電話　03(3813)3966
FAX　03(3818)2774
http://www.doyukan.co.jp/
ISBN 978-4-496-05211-8

落丁・乱丁本はお取替えいたします。